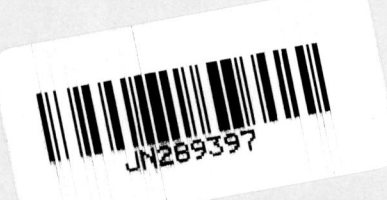

必携 実例でわかる福祉住環境

バリアフリー マンション読本

高齢者の
自立を支援する
住環境デザイン

NPO法人
高齢社会の住まいをつくる会

三和書籍

CONTENTS

II 専有部分の改修

リフォームと
空間デザイン

CONTENTS

III 法律と空間デザイン　法律を知る

はじめに

住宅を大きく分類すると、戸建住宅と共同住宅(マンション、アパート等)があります。かつては、日本の住宅は戸建住宅が主流でしたが、近年、共同住宅、特にマンションの需要と供給は著しい増加傾向にあります。平成10年総務庁住宅統計調査によると、集合住宅は全国の住宅総数の42%を占めています。大都市圏では5割を超え、特に東京では66.6%と目立って高くなっています。その背景には国鉄清算事業団などによる土地の売却、駅前再開発や社宅の放出があり、最近は都心での超高層マンションがブームとなっています。

いまやマンションという言葉はすっかり定着していますが、マンションとは法律的に定義すると、1棟の建物が構造上数個の部分に区画されていて、これらの建物部分が(共用の廊下・階段室などの共用部分がある場合には、そのような建物部分を除き)それぞれ独立して居住としての用途に供することができるようになっている1棟の建物のことです。このような集合化の形態は、ヨーロッパでは古代ローマ時代には出現していましたが、イギリスやドイツさらにフランスで産業革命(1800年頃)以降から本格的かつ計画的に建設されるようになりました。わが国では、1923年(大正13年)に設立された同潤会によって、関東大震災後の復興に鉄筋コンクリート造による中層住宅の供給が試みられたのがはじまりです。

また、同潤会の業務をひきついで1941年(昭和16年)に設立された住宅営団は、住宅の賃貸、分譲や住宅団地の建設を行いました。第二次世界大戦後の1945年(昭和20年)には、戦災などによる住宅不足を解消し、住宅の量的ならびに質的な向上をはかることを目的として、公営住宅、住宅金融公庫融資住宅などが制度化されました。さらに、1955年(昭和30年)には、住宅公団が設立され、各地で住宅団地が建設され、その後大規模なニュータウンが開発され、大量の集合住宅が供給されるようになりました。

このように、わが国の集合住宅は量的拡大に重点がおかれてきましたが、これからは質的な要望(安全性、情報化、ライフスタイルの変化など)の向上が求められています。また、高齢社会において地域関係や人間関係に配慮した、コレクティブハウス※1やシルバーハウジング※2などの建設も望まれています。

※1 コレクティブハウス―居住者の相互扶助による活動を生かし、円滑な日常生活が営めるような食事室、調理室、洗濯室などを共用施設として住棟内に設けた集合住宅。
※2 シルバーハウジング―政府が目指す、高齢者向けの集合住宅。生活援助員(ライフサポートアドバイザー)が常駐し、居住者の援助や指導を行うもの。

Ⅰ リフォームと空間デザイン

共用部分の改修

1. マンションの分類 －共用部分と専有部分－

マンションは、高さや通路の形式などによっていくつかに分類することができます。また、それぞれのマンションは専有部分と共用部分に分けることができます。

マンションの分類

高さ（階数）による分類

低層――平屋から3階までのタイプで、複数の住戸を水平に連続して建てる形式。各戸に専用庭があるテラスハウスなどがあります。

中層――4・5階建て、昭和30年代、高度経済成長期に「団地族」という言葉が生まれた団地はほとんどこのタイプです。4・5階までというのはエレベーターを付けず階段のみでアクセスできる範囲ということですが、最近の住宅のバリアフリー化によって、中層集合住宅にもエレベーター付きのものが増えているようです。

高層――6階以上エレベーター付きのものを言います。高度成長期からオイルショックあたりに登場しはじめたタイプです。

超高層―20階以上、大都市圏では土地の有効活用のために増加の傾向にあります。

通路の形式による分類

階段室型――普通、1階段につき2戸で構成されていて、共用面積も少なく、住戸両面に開口が取れるので、日照、採光、通風が確保しやすいです。中層程度ではエレベーターのない場合が多いです。

片廊下型――片側に廊下があるので、各住戸の日照、採光、通風は均等ですが、階段室型に比べてプライバシーや通風には劣ります。

中廊下型――廊下をはさんで両側に住戸があるので、日照、採光、通風は劣りますが、狭い敷地での住戸密度は高まります。居住性を改

共用部分の改修／マンションの分類

マンションの分類

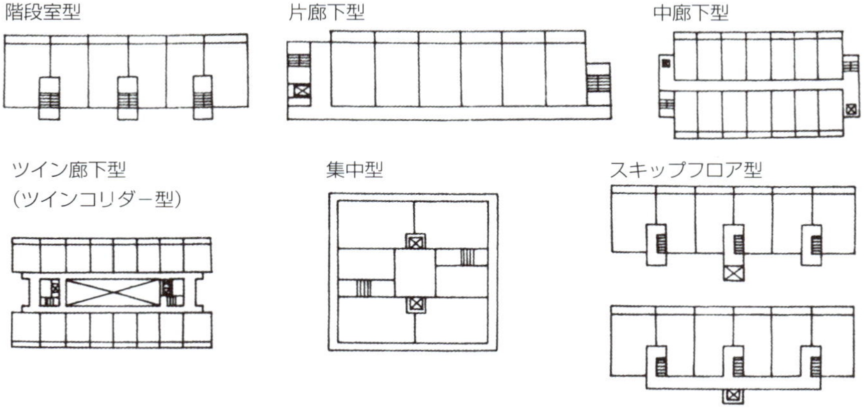

図１　通路の形式によるマンションの分類

善するために中央に吹き抜けをもうけたツインコリドール(ツインコリダー)型もあります。

集中型 ―― ホールを中心に各住戸や階段・エレベーターをコアとして配置しているので、方位によって居住性が異なります。高層に適しています。

スキップフロア型――階段室型にエレベーターの停まる階だけ片廊下にした形式なので、階段室型と片廊下型の長所を合わせていますが、段差があるため障害者、高齢者には階段が負担となることもあります。

住戸の形式による分類

フラット型――各住戸が1層で構成されています。

スキップフロア型――前述の通路形式による分類とは別で、傾斜地などで住戸内に床のレベル差があるものです。

メゾネット型――各住戸が2層以上で構成されているものです。

分譲マンションと賃貸マンションの違い

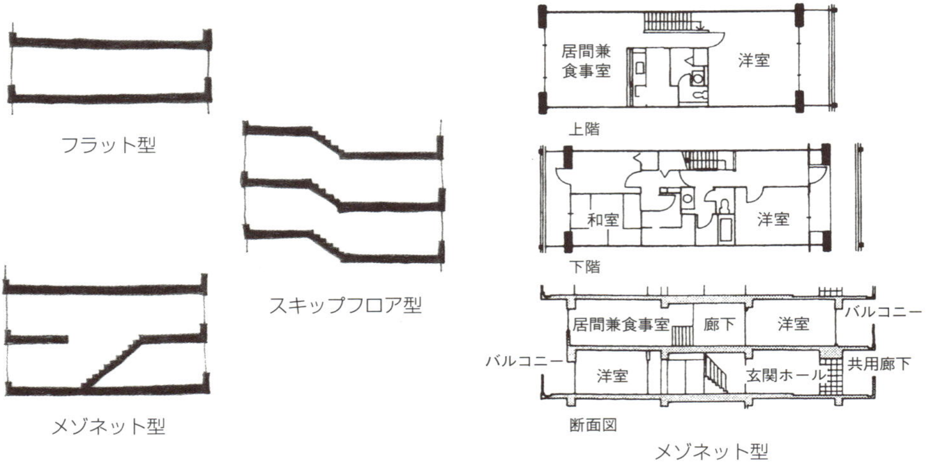

図２　住戸の形式によるマンションの分類

分譲マンションと賃貸マンションの違い

供給形態による違いにより分譲と賃貸に分かれます。分譲マンションは購入した専有部分については個人の所有財産となりますが、賃貸マンションでは所有者から借りているものです。

分譲マンションの場合は、専有部分については管理規約などで制約を受ける事以外はある程度自由にリフォームすることができます。賃貸の場合は、退去する場合は基本的に原状回復※1(現状復帰)をしなくてはいけません。これを理解しておかないと、リフォームなどでトラブルになることが多くありますので注意が必要です。

※1　現状回復とは、国土交通省のガイドラインに「賃借人の居住、使用により発生した建物価値の減少のうち、賃借人の故意・過失、善管注意義務違反、その他通常の使用を超えるような使用による損耗等を復旧すること」と定義しています。例えば経年変化であるタタミの日焼けなどは含まず、入居者の故意や過失で破損・汚損した部分と、誠意を持って室内を管理して、日々きちんと掃除していれば起きなかったと予想される破損・汚損です。つまり窓ガラスのひび割れや排水のつまりなどをいいます。

マンションの共用部分と専有部分

マンションの共用部分と専有部分

一般的に共用部分とはマンションの玄関、各住戸に至るまでの廊下やエレベーター、ホールなどをいいます。これらの共用部分を除いた各住戸の構造体の内側部分を専有部分といいます。つまり「区分所有法」で居住者の所有権が認められている部分を指します。詳細は個々の管理組合の管理規約で規定されますが、一般的には次のような場合が多いようです。

①共用部分を除いた構造体の内側部分、つまり住戸内の床、壁、天井に囲まれた部分をいいます。スラブまで天井裏や床下がある場合はその部分も含まれます。

②外部廊下や外壁などに面した開口部は基本的に共用部分です。つまり、玄関扉、外部に面した窓や枠はすべて共用部分となりますので改修はできません。

③バルコニー、ベランダは共用部分ですが、所有者の専用使用権が認められている部分になります。

④配管・配線は専有部分にある枝管※や支線がこれにあたり、パイプスペース内を貫通する縦管は共用部分になります。

※枝管とは、給水・給湯・ガス管などパイプスペースの縦管から分枝して専有部分にある部分をいいます。

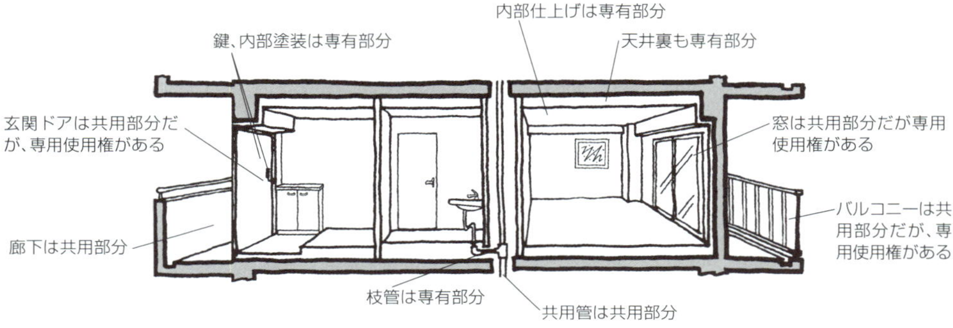

図３　専有部分の範囲

2. バリアフリー化工事の流れ

マンションの共用部分の改修にあたっての工事の流れを大まかに解説します。各住戸の所有者の同意を必要としますので、長期的な計画を立てることが重要になります。

マンションのバリアフリー化工事の流れ

①設計・施工

設計・施工は多くのバリアフリー工事を手がけた信頼のおける設計・施工業者に依頼しましょう。それも複数の先から見積りをとるのが一般的です。アフターサービスにも万全の体制で臨める設計・施工業者を選択するとよいでしょう。ともすれば、会社の規模とか表面的な金額で判断しがちですが、特にバリアフリー化工事では専門的な知識と技術を最優先要件として判断すべきでしょう。

② 集会決議と費用の問題

エレベーターの新設のような大規模な工事には多額の費用が必要になります。マンションの場合は修繕計画にそって積立金をしています。大体は外壁、防水、塗装工事など周期的に施される大規模工事のためです。多くの場合、積立金はバリアフリー化工事の分までは積み立てられてはいないのが現実でしょう。そのため一時負担金として所有者から徴収しなければなりません。

バリアフリー化工事の議案は、管理組合の理事会で起案され総会で決議されるのが一般的です。ここで管理組合は大きな役割を担うことになります。具体的には理事会がまとめます。各住戸の所有者は全員が管理組合の組合員です。組合員の意見を取りまとめる役割が理事会です。

個人の域を越え心のバリアを取り払ってこそ工事は実現するのです。ひいては建物自体の資産価値を高めることにもつながります。一般的には周期的な大規模工事と併せてバリアフリー化工事を実施する場合が多いようです。

バリアフリー化工事の流れ

③補助制度の充実と利用

高齢社会を迎えた現在、専有部分はもちろんですが共用部分のバリアフリー化工事にも公的な補助制度が充実してきています。

工事資金借入金制度における低利子および利子補給、工事資金そのものの助成金支給などです。少しでも補助金が支給されることで、工事に踏み切るきっかけとなります。今後更なる補助制度の充実が期待できます。国・都道府県・市区町村などの公的な助成制度を調べてみましょう。

以上問題点と解決策の一部を記載しましたが、ほかにも色々な問題がでてくるでしょう。その都度、問題を放置するのではなく解決するための努力をしてみましょう。誰もが普通の生活ができ、暮らしやすい住まいを作り上げるのは、他でもないマンションに暮らす居住者一人一人の心がけ次第なのです。そうすることでよりよいコミュニケーションが育まれ、災害時などにその力が発揮されることは容易に想像できます。今一度ご自分の暮らしているマンションを多方面から考えてみましょう。

3. マンションの共用部分のバリアフリー化

マンションの共用部分のバリアフリー化が必要なのは、敷地内に入ってから各住戸の玄関に至るまでのエリアにほとんどが集中します。その動線を中心に解説します。

共用部分のバリアフリー化

共同住宅の共用部分は、公道から共用玄関までと共用玄関から個人住戸までに大別できます。まず公道から共用玄関までの問題点とその解決策を考えてみましょう。

公道から共用玄関までの問題点とその解消

①公道と敷地との段差

公道と敷地の境界には、多くの場合段差が存在します。これは水から建物を守るためになくてはならない段差です。また段差がない場合は側溝があり、通常金属の側溝蓋で覆われています。これらは、時として車いすや杖での通行の妨げとなります。

段差はスロープの設置で解消できますが、勾配を考えると例えば板橋区が横断歩道の段差解消に導入している『板橋型ＢＦブロック※』などは、有効かと思われます。また、側溝の金属蓋の溝も車いすや杖使用の妨げとなります。車いすの車輪や杖がはさまって思わぬ事態を招く可能性もあります。溝幅の極力狭い側溝蓋や、部分的にコンクリート蓋を使用すると安全でしょう。

※板橋型BFブロックは板橋区が平成17年度より、歩車道分離道路の改修時に、標準仕様として整備促進を図っているブロック。車いすなどの通行のために段差をスロープ状にすることや、付属する突起した黄色の特殊ゴムピースにより、歩道と車道の境界を認識しやすいなどの特徴がある。

②敷地内の問題

今回の改正ハートビル法（P82～参照）における東京都条例では特定経路という表現で基準を定めています。公道から敷地に入り、マンションのエントランスまでにどのような問題が存在するでしょうか。

まず考えられるのは、階段です。階段にも幅や蹴上げの寸法が問題となります。それもハートビル法に基準が定められています。（以下基準についてはP82

マンションの共用部分のバリアフリー化

以降を参照）また、階段には手すりが欠かせません。手すりにも基準があります。

さらに階段だけでなく併用スロープも欠かせません。スロープの勾配にも基準があります。併用が困難な場合は、ゆるやかな勾配が確保できるならスロープを優先すべきでしょう。車いすでの自走を可能とします。

自由に街へ出かけることができる、今まで諦めていたことができる喜びは、自立を大きく後押しします。

その他考えられる問題を列記しますと…

・車道と歩道との明確な区別
・非常口への安全な通路の確保
・駐車場の車いす対応の広いスペースの確保
・照明設備の設置
・駐車場からの安全な通路の確保

などがあげられます。

共用玄関から住戸までの問題点とその解消

①共用玄関のドア

エントランスは大半が開き戸です。特に築年数の高いマンションはほとんどが開き戸です。車いすでは自分で開けることが容易ではありません。

自動ドアへの変更が必要となります。両引きドア・片引きドア・曲線ドアなど間口幅等の状況に応じて選択しましょう。

② 建物内の問題

建物に入って階段がある場合も敷地内と同様に手すり、スロープを設置します。共用廊下には外廊下と内廊下がありますが、いずれも手すりの設置は必要です。

廊下幅と取付け位置には特に注意し、できるだけ基準をクリアできる方法を考えましょう。十分な幅が確保できない時は取付けないほうが良い場合もあるのです。

③ 難問のエレベーター

特に問題となるのはエレベーターです。まず、エレベーターの有無です。築年数の高い低・中層共同住宅には設置されてない場合があります。エレベーターの新設には大きな問題があります。多額の費用の問題・建物構造上の問題・所有者や居住者の賛否の問題等です。

共用部分の改修工事は管理組合が主体となりますが、集会での決議が必要です。区分所有法により決議の成立要件は規定されています。

建て替え決議では、区分所有者および議決権の各5分の4以上の賛成が必要です。通常の改修では、区分所有者および議決権の各4分の3以上の賛成が必要となります。この区分所有者は管理規約で過半数まで減じることができます。集会の召集は通常、理事会(管理者)が行いますが区分所有者および議決権の各5分の1以上でも召集請求ができます。

集会の成立要件は区分所有者および議決権の各過半数です。

以上のように、共用部分は共同の持ち物ですから勝手に修繕することはできないのです。特にエレベーターのような多額の費用を要する工事に対しては賛成決議をとることは容易なことではありません。それでも、新設事例はあります。

一階が店舗や事務所になって

二階に共用玄関があるマンションのエレベーター設置事例

マンションの共用部分のバリアフリー化

いるマンションでは、居住者用のエントランスは二階にある場合があり階段での昇り降りとなります。築年数が高く、居住者に高齢者が多かったり近隣に大病院がある場合に高齢者や障害者が移り住むことも多々あります。この場合に二階が共用玄関では生活することも不可能です。これを解消するための一階から二階へのエレベーターの新設事例もあります。

すでにエレベーターが設置されている場合にも問題はあります。

エレベーターの籠内の面積にも基準値はありますが、これを変えるには新設同様の工事となります。比較的少額でバリアフリー化できる部分もあります。例えばタッチパネルの取付け位置の変更です。通常だと車いすに乗ったままではパネルボタンを押すのは困難です。これを低位置に横付けすると、子供から高齢者や障害者まで利用することができるようになります。

また前述のスキップフロア型のマンションを考えてみましょう。

一時期流行した奇数階しかエレベーターの乗り降りができないマンションです。これも高齢社会を迎えて問題化しています。物理的な解決方法では大規模な工事となってしまいます。

そこで考えられるのは、建物内での住み替えです。最低限の移動で住み慣れた場所を引っ越さないですみます。今まで築いてきた人間関係を継続する有効な解決策となります。

大変複雑な要素も含んではいますが、一種の等価交換方式といえます。これは専有部分同士の話ですから、集会決議も必要ありません。マンションはお互いが助け合える集合体でもあるのです。

4. マンションのバリアフリー施工例

発表者：菊川ホームズ管理組合
大規模修繕委員長　村上孝憲

2004年5月、「高齢社会の住まいをつくる会」では「マンション共用部分のバリアフリー化の問題点と対策」と題した法人設立記念シンポジウムを行いました。ここで紹介するバリアフリー施工例はその時に発表されたものです。

バリアフリー施工例

資金の問題

マンションのバリアフリー化にはさまざまな問題が生じている。その理由としては、マンションはそこに住んでいる多くの世帯がお金を出しあって、管理、維持できるものだからである。共同管理はマンション全体の修繕や改修をするさい、各世帯の希望をまとめたり、お金を工面したり、意見をまとめるだけでも沢山の時間を費やす。そのなかでも特に重要な部分を占めるのは、お金、資金面での問題である。マンションの規模が大きければ大きい程、修繕にかかる費用は大きくなり、またその費用の工面の仕方もただ居住者から集めればよい、という単純なことでは済まされないだろう。次に紹介するマンション、菊川ホームズでは、2003年に大規模な修繕およびバリアフリー化の工事を行ったが、その工事費の工面など資金面で成功した例である。

菊川ホームズの概要

菊川ホームズは東京都墨田区にあり、延べ床面積約15,000平米、店舗7戸を含む総戸数132戸の大規模なマンションである。13階建てで、住戸のタイプとしては主に2LDK（20坪）から4LDK（43坪）があり、またメゾネットも一部ある。平成4年11月に竣工され、鉄骨・鉄筋コンクリート造である。屋根はアスファルト防水、および一部

菊川ホームズの外観

バリアフリー施工例〈菊川ホームズ〉

大規模改修後の菊川ホームズの共用スペース

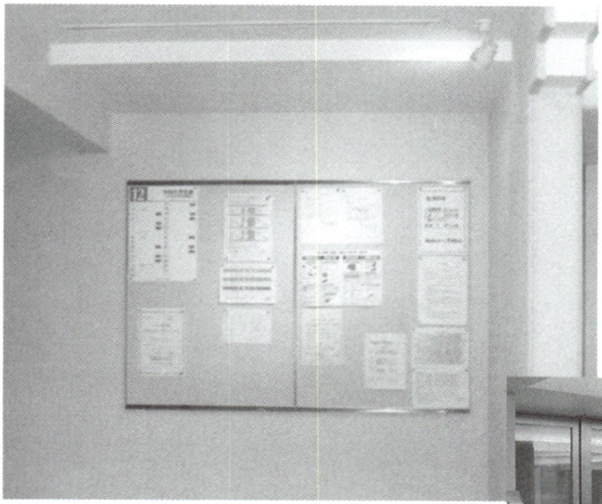

共有掲示板を大きくし、さらにライトを側に設置

はアスファルトシングル葺で、外壁はタイル張りである。

菊川ホームズが建ってから約10年が経ったが、このマンションが建った10年前は当時の菊川地区はあまりマンションが建っておらず、また建っていたとしても低層階のものが多かった。しかし、この10年で菊川の様子は大きく変貌し、マンションが多く建つようになった。それに伴い、地区内の住民もマンション住民が大きく数を占め、ある地区の一町内はその人口の半分がマンションの住民である。

このように新築マンションが次々と建ち並び始めた菊川地区だが、菊川ホームズは建設から10年、さまざまな問題があらわになった。マンションの老朽化、そして住民の高齢化である。建設時には気付かなかったちょっとした段差や階段が、住民が歳を重ねるにつれて、不便なものとなっていった。

当初はマンションの修繕のみを計画していたが、この計画にあわせてバリアフリー化の声が高まった。お年寄りのマンション住民ではなく、お年寄りが段差や階段を辛そうに上がっている姿をみたその一世代後の人々が、修繕と同時にバリアフリー化工事を求めたのである。

大規模修繕委員会

菊川ホームズは大規模修繕を行うにあたって、主にマンション住民で構成された大規模修繕委員会を設け、修繕終了までの管理をこの委員会に委ねてきた。修繕工事をはじめる約2年前の平成13年4月、菊川ホームズの維持管理会社が建物の診断を行い、修繕が必要であるこ

バリアフリー施工例〈菊川ホームズ〉

とを報告したことをきっかけに、翌年の平成14年8月に大規模修繕委員会が設立された。委員の構成メンバーは6名で、建築関係者2名、マンションの理事会の理事1名を含めたものである。委員会は細則などを決め、平成14年11月から、修繕委員会を開催していった。それから27回に渡り修繕委員会を行っている。この委員会には管理会社(藤和コミュニティ)の工事課の人にも委員会の同席をお願いしている。委員会の活動は修繕の施工会社を決めることにとどまらず、住民へのアンケートを実施したり、ベランダに立入検査をして実際の修繕の程度を図ったり、意見や希望を取りまとめることなども実施した。

工事の経過

大規模修繕委員会は平成14年11月に第1回の修繕委員会を開催した。翌月の12月にはマンションの現状を確認する調査を、委員会と管理会社の合同で行っている。さらに翌年の1月、ベランダに関するアンケートを行い、125世帯中73世帯の回答を得ている。その回答を基に立ち入り調査を8世帯に行うなど、細かな調査を重ねた。平成15年の5月、6月に見積に関する話し合いがおこなわれ、施工業者を決定した。ここで委員会は見積に関して、「見積りあわせ」を行っている。施工業者を決めるにあたって、委員会は5社に見積を依頼し、金額だけでなく、VE*提案や施工をどんな風にやってもらうか、いかに安全にやってもらうかを提案してもらい、総合評価で施工業者を決定した次第である。その結果、大規模修繕の

大規模修繕で外壁・外廊下・階段をきれいにしたようす

施工前

施工後

施工前

施工後

共用部分の改修／バリアフリー施工例

バリアフリー施工例〈菊川ホームズ〉

施工前

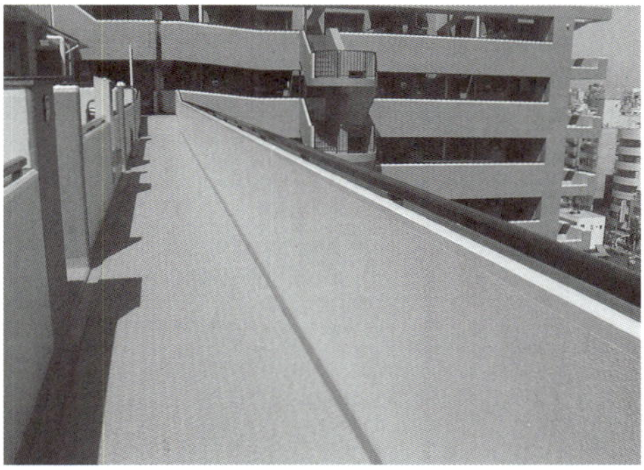

施工後

施工前

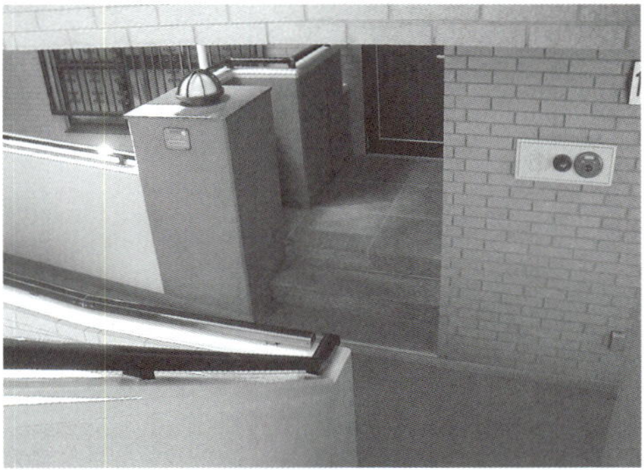

施工後

施工会社は管理会社であった藤和コミュニティに決定したが、委員会としては設計監理の管理会社と施工としての管理会社は別と考えており、人も分けてもらったという経緯がある。こうして平成１５年８月、定期総会にて、施工者、施工金額の承認が得られ、同月24日から着工しはじめたのである。全ての工事が終了したのは翌年の平成16年2月１５日で、建物診断から約２年、大規模修繕委員会が発足してから１年半後のことである。

＊コスト削減のために、同じ機能を持つ製品を他メーカーの安価な製品で代用したり、施工方法を簡素化したり、設計を工夫して行程を省くなどで全体の予算を節約する手法

●資金面の対策

半年に渡る大規模修繕であったが、その費用は菊川ホームズ一住戸あたり90万円かかっている。これだけの費用を集めるのには、もちろん月々払う修繕積立金が重要な部分を占めているが、菊川ホームズではこの修繕積立金を何回か見直すことにより、今回の大規模修繕の行程をより潤滑にさせている。

菊川ホームズでは修繕積立金のうち積立基金として引き渡し時に一戸あたり45万円集めている。この他に管理費の10％として一戸平均2,560円の修繕積立金を徴集していた。管理費は当初、月一戸平均25,600円であったが、その一割に対する金額を修繕積立金として別に集めていたのである。しかしこの修繕積立金の金額では10年後、修繕を行うのに十分な資金がないのではないかという懸念が指摘されていたので、3年目以降段階的

バリアフリー施工例〈菊川ホームズ〉

に修繕積立金を倍にしていくことで、資金不足の不安を解消した。よって修繕積立金は当初は2,560円だったが、3年目に5,200円、4年目に約7,700円と増やして、結果的に当初管理費の約50%で、現在は一戸あたり平均13,000円を集めることになった。

それとは対照的に、管理費は年々値下げしている。当初「高い」と言われた管理費は、現在一戸あたり平均21,000円である。10年前1㎡309円だった管理費が、現在では1㎡250円という計算で管理費を集めている。

結果から言えば、この修繕積立金は当初の予定より値上げしたわけだが、この段階的な値上げが、今回の修繕およびバリアフリー化に大きな影響をもたらしたと言える。菊川ホームズが大規模修繕を計画した際、修繕積立金はそれまでに約2億円に達していたという。今回、そのうちの約1億を使って工事が行われたが、委員会の一人は、このように修繕積立金を集めて一時金がでないような状況にさせたことが、今回の工事が成功した大きな部分と語っている。もし、当初の徴集額通りに、値上げを行うことなく修繕積立金を集めていたならば、工事が必要になって資金の話が問題になり、1年では工事はできなかったであろうとも話している。

バリアフリーへの具体例

菊川ホームズのバリアフリー工事は、当初は大規模修繕工事のなかに盛り込まれていたわけではない。しかし、階段の段差をなくすことなどの要望の声が大きかったため、追

菊川ホームズ玄関部分の改修箇所

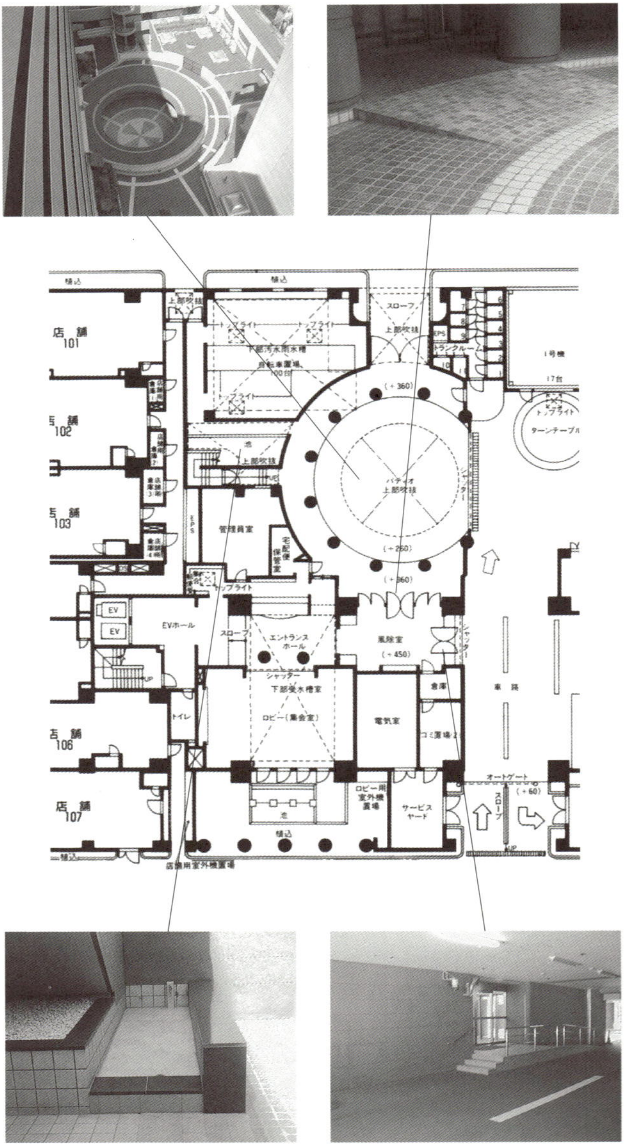

共用部分の改修／バリアフリー施工例

バリアフリー施工例〈菊川ホームズ〉

玄関部分（パティオ）の段差解消

施工前

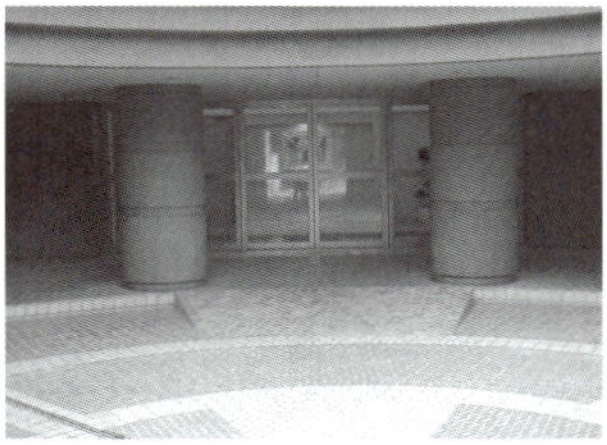

施工後

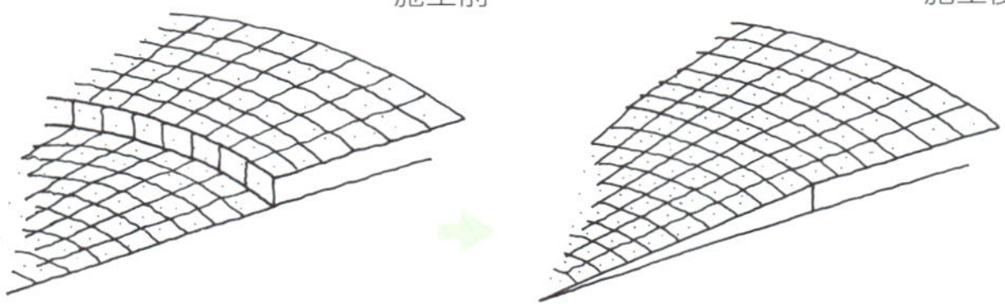

玄関の自動ドア化とスロープの設置

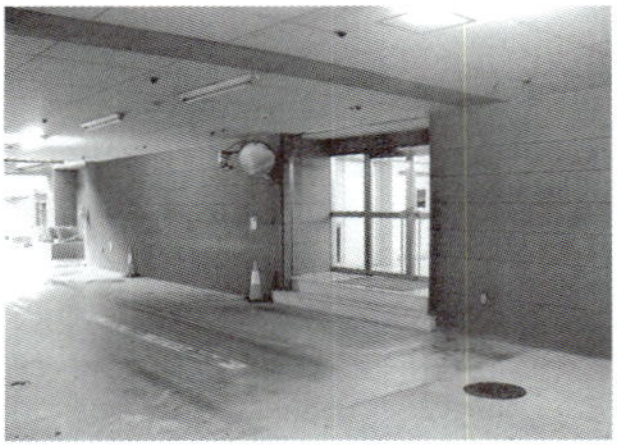

施工前

施工後

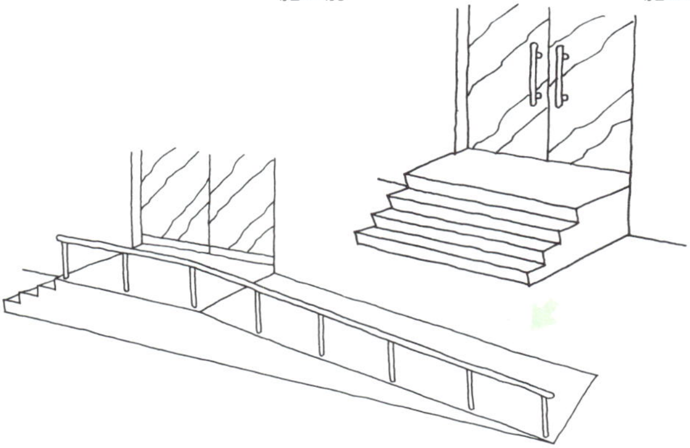

加工事として共用部分の改修ということで、一住戸あたり約10万円の費用を使って施工会社に依頼した。具体的には主に1階部分の共用スペースの改修が行われている。

・玄関部分

まずマンションの玄関部分である。菊川ホームズには2ヵ所の玄関があり、建物のドアにたどり着くまでパティオといわれる円形の広場を通過する。パティオは他の部分よりも10センチ程低いので、段差があり、住民の何人かがつまずいたりした。この部分にスロープを設け、段差をなくすことにした。パティオは歩石がしきつめられた空間になっており、景観をそこなわないよう、スロープも既存の歩石と似た色や材質で作ってもらっている。

またもう一ヵ所の玄関は同じ一階にある駐車場からの入口をさすが、そこにも2段の階段があり、高齢者には上がることが難しい部分だった。そこにもスロープを設け、反対側に階段もつくるなど、スロープと階段のどちらを利用しても玄関に入れるという改修を行った。

・ドア部分

1階には駐車場から玄関部分へ、玄関部分からエレベータのある建物内へと続くガラス扉が数ヵ所あったが、風除けとしての機能をはたしていたためか、その扉もかなり重量があり少しの力では開けることが困難であったので、扉を自動ドアに変更した。特に駐車場から玄関へ入る際は、2段の階段を上って、重い扉を開けなくてはならなかったのが、スロープから自動ドアへとスムーズに建物内へ入れるようにしたのである。

共用部分の改修／バリアフリー施工例

バリアフリー施工例〈菊川ホームズ〉

・玄関部分その他

玄関部分には、共用スペースとして噴水や集会場等が設けられていたが、これらのいくつかを整備している。例えば、噴水は維持費がかかるということで、長い間使われていなかったが、今回その部分をおもいきって、ペットの足洗い場として元々あった水栓を生かして使用用途を変更し、有効的な使い方を提案している。さらに1階フロントの模様替えや集会所の整備など雰囲気を明るくするように改修された。住民が見る掲示板などは大きく作り替えられ、見やすいように照明も設置された。

大規模修繕工事を終えて―まとめと反省点―

菊川ホームズの大規模修繕工事は外壁やベランダの汚れや破損を改善することだけでなく、一階部分、特に玄関で問題になっていた段差や重い扉をバリアフリー化するなど積極的な改修を試みた例である。特にこの工事に関してのポイントは、しっかりとした資金の確保であったことは言うまでもないが、もう一つは工事管理者にプロの人材を入れて、見積やお金の徴集、仕様書をつくったり、契約書を揃えたりしたことが、この工事が滞りなくすすめられた大きな一因になっている。

大規模修繕委員会ではこれら修繕やバリアフリー化へのマンション住民の理解・関心を高める努力をすることは当然として、さらに長期修繕の定期的な見直しや（管理費の中に含まれていた）普通修繕費の有効利用などもっと長い目でみてい

玄関の開きドアが自動ドアに

施工前

施工後

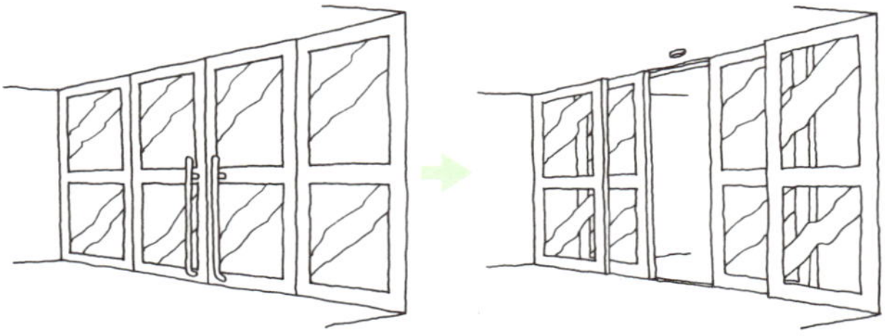

使われなかった噴水を洗い場として有効活用化

施工前

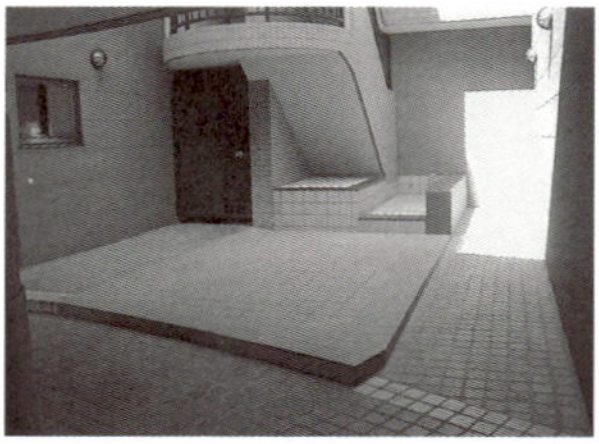

施工後

共用部分の改修／バリアフリー施工例

バリアフリー施工例〈菊川ホームズ〉

玄関の壁を明るく華やかにする

施工前

施工後

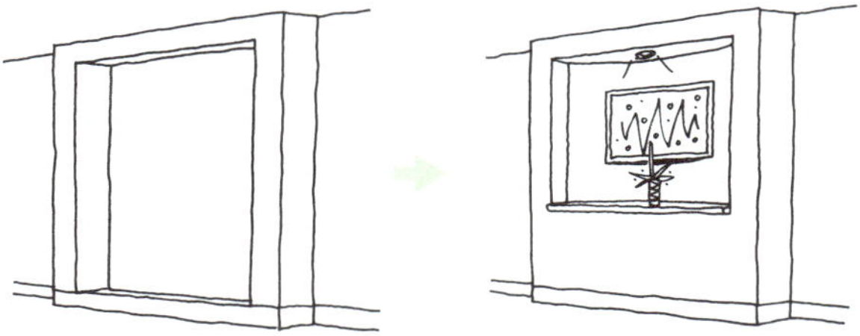

今後の課題点―玄関と歩道との段差―

く必要があると感じている。具体的には長期修繕計画をきちんと作り、普通修繕費を何もなければ毎年使わないというような措置ではなく、予防保全といった形で毎年有効利用していくことが重要ではないかと考えている。

また共用部分のマンションの改修は全て終わったわけではない。マンションに面する一般道路の歩道との間には５センチ程の段差があり、改修されなかった部分である。道路とマンションのバリアフリー化ということで、これは区にも相談して解決していきたいと委員会のメンバーは考えている。

さらに今回実施できなかった専有部分のバリアフリー化がいずれ大きな問題として浮上してくるであろう。菊川ホームズでは廊下と各住戸の玄関ドアの間に２段の階段がある。建築された当初は「戸建て感覚」として、住民の評判もよかったが、昇り降りがきついという住民もおり、この部分を何とかしなくてはという声もでている。しかし、階段を降りればすぐ廊下になっており、スロープを設けるにも十分なスペースがなく、かなり急な勾配になってしまうことから解決策が見つかっていない。

このように菊川ホームズは十分な資金に恵まれ、しっかりとした計画を持ちながら工事を行ったため、バリアフリー化がスムーズに進んだ例である。しかし、マンションの専有部分に対するバリアフリー化やマンションの大規模修繕の長期的計画の見直し、または先を見据えた計画案の練り直しなど、抱える問題点も多いのである。

5. バリアフリー改修実態調査報告

NPO法人「高齢社会の住まいをつくる会」では、今まであまり把握がされていなかったマンションの共用部分のバリアフリー化の実態を調査する目的でアンケート調査を行いました。実施にあたり、(社)高層住宅管理業協会とNPO法人日本住宅管理組合協議会の多大なる御尽力をいただききました。

実施時期は平成16年3月、アンケートを取りましたマンションの対象地域は、東京都・神奈川県・埼玉県・千葉県の一都三県に及んでいます。また、対象建物は既存の築年数を経たものを選ぶということから、単棟タイプの築10年以上の物件で総数1500棟、有効回答の棟数は1,232棟になっています。

高層住宅管理業協会については、15の管理会社の御協力を頂き、1,178棟、日本住宅管理組合協議会では、単独組合54棟の御協力を得ました。

表1は対象建物の地域別分布、図1がグラフ化したもので、東京23区内が574棟と最も多く、ついで神奈川県内の287棟、埼玉県内の151棟、東京都下の121棟、千葉県内の99棟となっています。

表2は高層住宅管理業協会に属します管理会社のマンションと、日本住宅管理組合協議会の単独組合マンションの地域別分布です。以下管理会社対象と単独組合対象と略します。

管理会社対象(図2-1)では、東京23区が564棟47%を占め、以下全体の地域分布と同じく、神奈川県内の270棟、埼玉県内の142棟、東京都下の113棟、千

シンポジウムの様子

地域	棟数	構成比
東京23区	574	47%
東京都下	121	10%
神奈川県	287	23%
埼玉県	151	12%
千葉県	99	8%
計	1232	100%

表1 対象建築物の地域別分布表

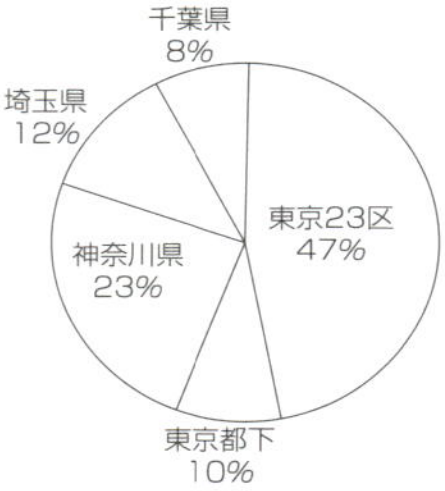

図1 対象建築物の地域別分布グラフ

地域	管理会社対象	単独組合対象
	棟数	棟数
東京23区	564	10
東京都下	113	8
神奈川県	270	17
埼玉県	142	9
千葉県	89	10
計	1178	54

表2 管理会社マンションと単独組合マンションの地域別表

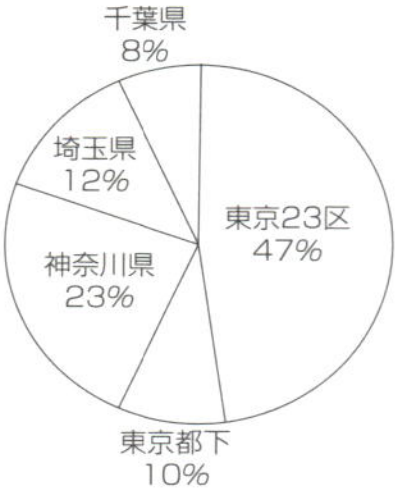

図2-1 管理会社マンションの地域別分布グラフ

バリアフリー改修実態調査報告

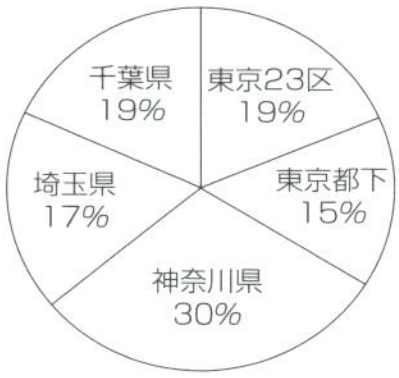

図 2-2 単独組合マンションの地域別分布グラフ

年数	棟数	構成比
不明	18	1.5%
1～10年	88	7.1%
11～20年	616	50.0%
21～30年	425	34.5%
31年以上	85	6.9%
計	1232	100.0%

表 3 マンションの築年数別分布表

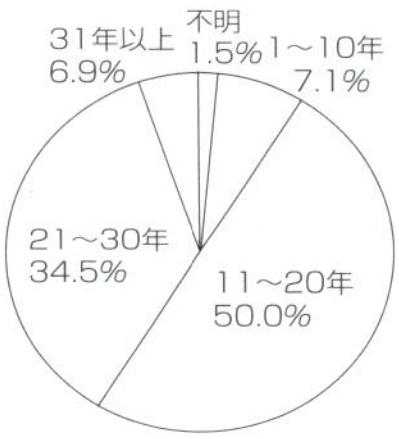

図3 マンションの築年数別分布グラフ

年数	管理会社対象	単独組合対象
	棟数	棟数
不明	18	0
1～10年	82	6
11～20年	607	9
21～30年	403	22
31年以上	68	17
計	1178	54

表4 管理会社、単独組合マンションの築年数別分布比較表

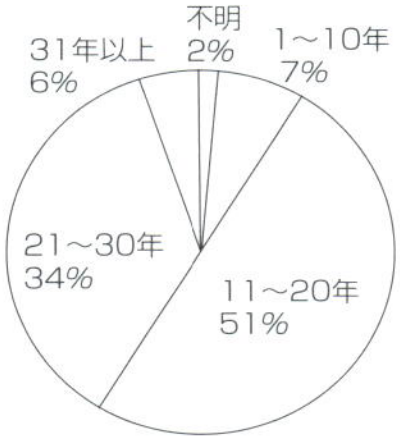

図 4-1 管理会社マンションの築年数別分布グラフ

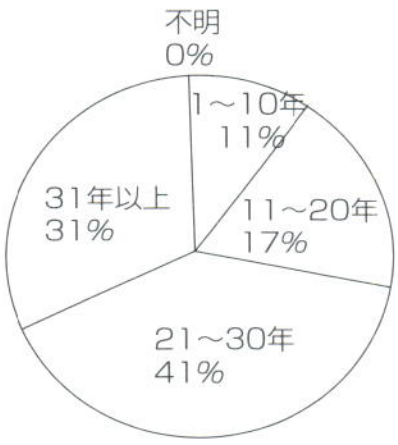

図 4-2 単独組合マンションの築年数別分布グラフ

回　答	棟数
無回答	17
わかる	629
わからない	586
計	1232

表 5　65 歳以上の居住者世帯（高齢者世帯）の把握割合

葉県内の89棟となっています。

これに対し、単独組合対象（図2-2）では、神奈川県内の17棟が一番多く、東京23区内と千葉県内がそれぞれ10棟、埼玉県内の9棟、東京都下の8棟となっています。

表3･図3は、築年数別分布で、書き込みが無く不明なものが18棟ありましたが、11年以上20年以下が616棟、50%と一番多く、ついで、21年以上30年以下の425棟、34.5%、10年以下が88棟、7.1%、31年以上は85棟、6.9%、平均築年数は19年となっています。

管理会社対象（表4･図4-1）では地域別分布で見たように、全体と同じような傾向が現れ、平均築年数は18年です。11年以上20年以下が607棟、51%を占め、ついで多いのが、21年以上30年以下の403棟、34%です。

これに対し、単独組合対象（表4･図4-2）では、21年以上30年以下が一番多く22棟、41%、ついで、31年以上の17棟、31%、となってやや築年数の高いものが多い傾向があり、平均築年数は24年です。

65歳以上の居住者世帯の割合（表5）についてみてみると、割合を把握できているマンションは629棟で、全体の51%に当たります。高齢者世帯とは、65歳以上の高齢者が家族の中に一人以上居る世帯をさしています。

共用部分の改修／実態調査報告

バリアフリー改修実態調査報告

次に高齢者世帯比率と築年数の関係（表6）を見てみます。ここでは10％毎の区切りを設けたところ、顕著な傾向が現れました。まず、全体の高齢者比率をあらわしたのが図5です。高齢者比率0～10％が一番多く251棟、39％、ついで、11～20％が171棟、27％、21～30％が98棟、16％、31～40％が49棟、8％、41～50％が23棟、4％、51～60％が20棟、3％、61～70％が11棟、2％、71～80％が5棟、1％、81～90％も1棟ありました。

図6は、築年数と高齢者世帯比率の関係です。横は築年数、たてはパーセンテイジで、高齢者世帯比率を色別に示しています。ここでは、築年数が高くなるほど高齢者世帯比率が比例して多くなるのがはっきりと解ります。築年数毎の平均高齢世帯比率を出して見ますと、1～10年で9％、11～20年で12％、21～30年で24％、築年数31年以上では　高齢社会白書15年度版の日本の高齢者世帯割合、35.8％を超える37％という結果になりました。

次に、車いす使用者数（表7）を把握しているマンションは606棟あり、全体の49％に当たります。車いす使用者世帯の比率（表8・図7）は、0～5％が最も多く、583棟、97％　を占めます。しかし、6～10％も15棟、2％あり、21～25％、26～30％がそれぞれ1棟ずつありました。

高齢者世帯比率（築年数無回答のものを除く）		築年数					
高齢者世帯比率	棟数	竣工年無回答	1～10年	11～20年	21～30年	31年以上	計
0～10％	251	0	31	154	65	1	251
11～20％	171	0	6	90	64	11	171
21～30％	98	1	2	32	50	13	98
31～40％	49	0	1	11	25	12	49
41～50％	23	0	0	4	14	5	23
51～60％	20	0	0	5	9	6	20
61～70％	11	0	0	2	5	4	11
71～80％	5	0	0	1	2	2	5
81～90％	1	0	0	0	1	0	1
91～100％	0	0	0	0	0	0	0
計	629	1	40	299	235	54	629

表6 高齢者世帯比率と築年数の関係

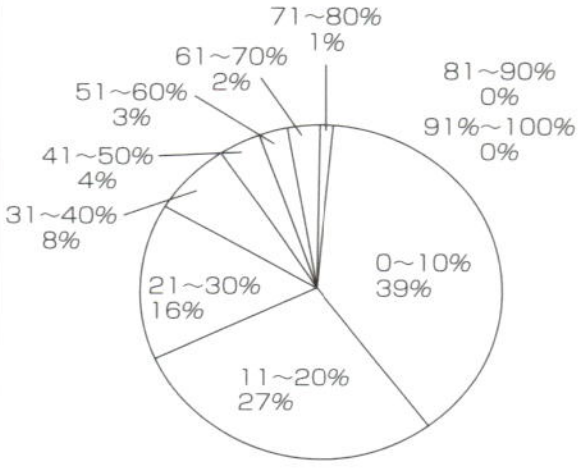

図5 高齢者世帯比率グラフ

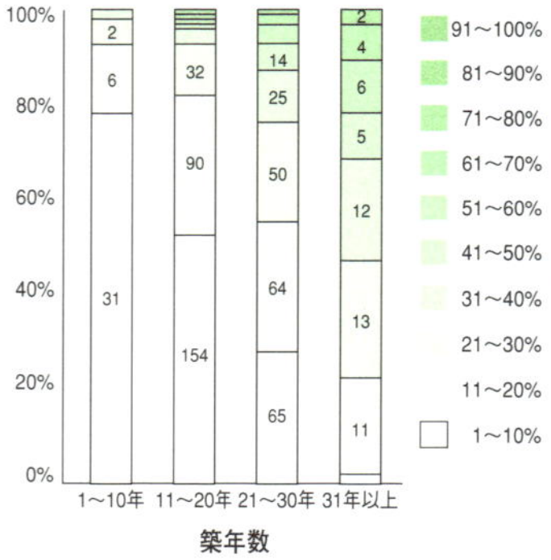

図6 築年数別高齢者世帯比率

回　答	棟数
無回答	22
わかる	606
わからない	604
計	1,232

表7 車いす使用者の把握割合

車いす使用者世帯比率	棟数
0～5％	583
6～10％	15
11～15％	4
16～20％	2
21～25％	1
26～30％	1
計	606

表8 車いす使用者世帯比率表

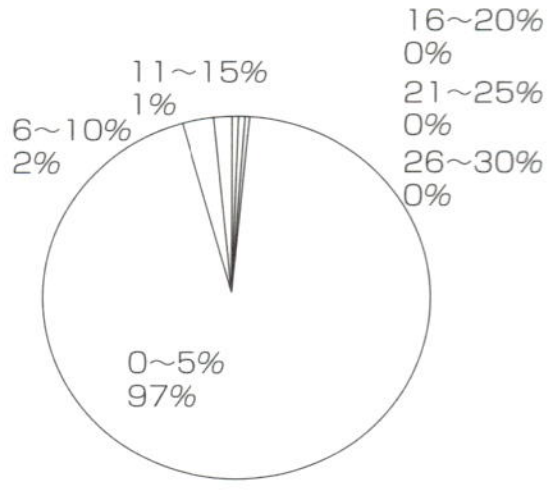

図7 車いす使用者世帯比率グラフ

バリアフリー改修実態調査報告

回答	棟数
無回答	32
段差があるので車いすでの出入りが不自由	353
段差があるのでｽﾛｰﾌﾟを作った	128
段差はあるがなんとか対処している	325
もともと段差がない	394
計	1232

表９ 公道と敷地境界の段差に関する回答

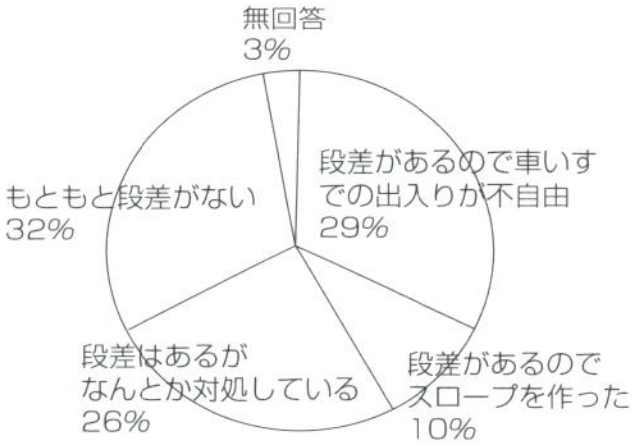

図８ 公道と敷地の境界の段差に関する調査結果グラフ

回答	棟数
無回答	43
段差があるので車いすでは出入りが不可能	323
段差はあるがスロープを設置している	270
段差はあるがなんとか対処している	278
もともと段差はない	318
計	1232

表10 敷地からエントランスに至るまでの段差に関する回答

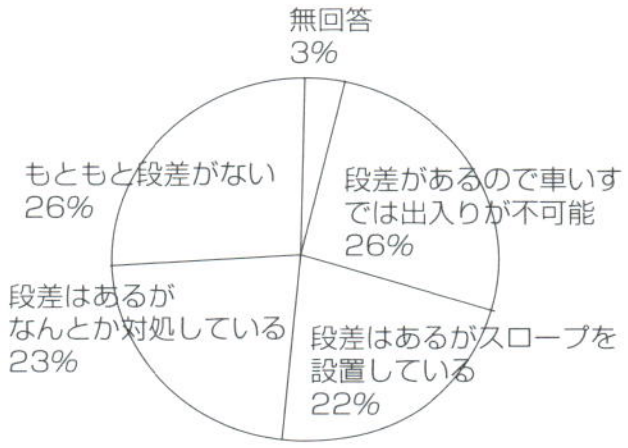

図９ 敷地からエントランスに至るまでの段差に関する調査結果グラフ

公道と敷地境界の段差（表9･図8）については、もともと段差がないと答えた394棟、32％に対し、段差があるので車いすでの出入りが不自由だと回答したマンションが353棟、29％とかなり多く、さらに、段差があるが何とか対処しているが325棟、26％で合計すると段差解消がなされていないのは、678棟55％に上っています。対処方法については今回は未調査です。段差があるのでスロープを作ったが128棟、10％となっています。

敷地内からエントランスに至るまでの段差（表10･図9）については、もともと段差はないが318棟、26％に対し、段差があるので車いすでは出入りが不可能と答えたマンションが323棟、26％ほぼ同数あり、対策の遅れが見られます。ついで、段差はあるが何とか対処しているが278棟、23％、これについても対処方法については調査していません。段差はあるがスロープを設置しているが270棟、22％になっています。

共用部分の改修／実態調査報告

バリアフリー改修実態調査報告

共用廊下の手すり（表11・図10）については、設置されているが158棟、13％と低く、設置した手すりについては特に問題ないが126棟ある反面、取り付け位置が適切でないので 不便と答えたマンションも11棟、7％ありました。

次に共用階段の手すり（表12・図11）については、設置されているが360棟、29％で、三分の一以下になっています。こちらは設置した手すりについて、特に問題ないが324棟、90％に対し、取り付け位置が適切でないので不便が13棟、4％ありました。

さらに、共用部分に関して、段差の解消および、手すりの取り付け以外のバリアフリー化に関わる工事の実施状況（表13・14）を調べたところ、自動ドアの設置や、滑り止めを敷設したところがそれぞれ7棟ずつ、スロープや、エレベーターを設置したところがそれぞれ3棟、他は、進入者路の新設、車いす用駐車場の設置、車いす購入、トイレの改修がそれぞれ1棟となっています。

回答	棟数
無回答	41
設置されている	158
設置されていない	1033
計	1232

回答	棟数
無回答	15
特に問題はない	126
取付位置が適切でないので不便	11
その他	6
計	158

表11 共用廊下の手すりに関する調査結果と「設置されている」回答への詳しい調査

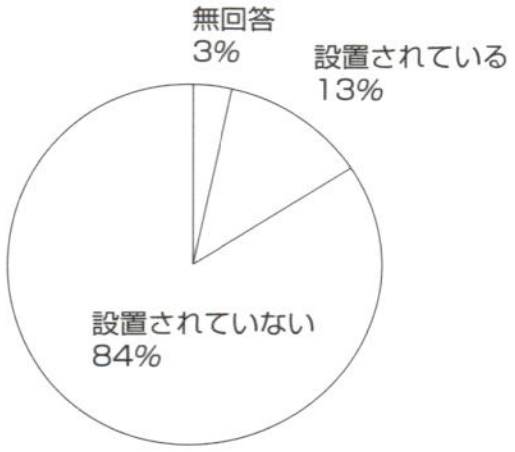

図10 共用廊下の手すりに関する調査結果グラフ

回　答	棟数
無回答	23
設置されている	360
設置されていない	849
計	1232

表12 共用階段の手すりに関する調査結果

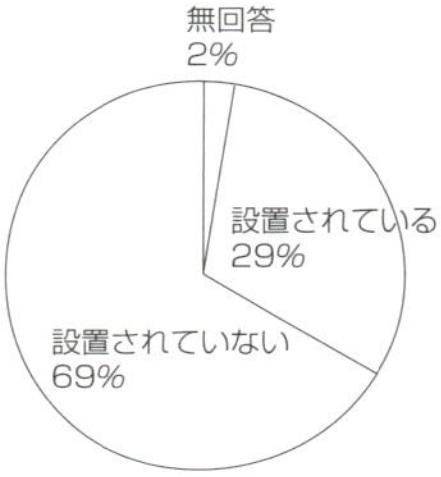

図11 共用階段の手すりに関する調査結果グラフ

回　答	棟数
無回答	24
ある	40
ない	1168
計	1232

表13 段差解消および手すり取り付け以外の工事の有無

回　答	棟数
自動ドア	7
滑り止め	7
スロープ	3
エレベーター	3
進入者路新設	1
車いす用駐車場	1
車いす購入	1
トイレ改修	1
その他	16
計	40

表14 実施した工事の内訳

バリアフリー改修実態調査報告

○エレベーターの新設
○エレベーターの改修
　・手すり設置
　・音声対応
　・ミラー設置
○スロープの設置
　・敷地内
　・エントランス
○スロープの改修
　・急勾配を緩やかに
　・狭いので広げる
　・床面に滑り止め
○公道と敷地との段差解消
○リフトを設置し段差解消（設置場所は不明）
○敷地内の車道と歩道の段差解消
○手すりの設置
　・共用階段
　・共用廊下
　・非常口
○エントランスを自動ドアに変更
○集会所の改修
　・洗面所を車いす対応
　・ドアを開き戸から引き戸に変更
　・段差解消

表15 今後バリアフリー化を予定または検討している内容

最後に、今後共用部分のバリアフリー化を予定または検討しているか、とその内容（表15）についてでは、バリアフリー化工事を計画しているマンションは、135棟、11％にとどまり、内容は、スロープの設置が51棟、手すりの取り付けが38棟、エレベーターの設置が10棟ありました。詳しくは、エレベーターの新設や内部の手すり・鏡の設置、音声対応等の改修、敷地内やエントランスのスロープ設置や、勾配・幅・滑り止め等の改修、公道と敷地との段差解消、リフトの設置、共用廊下、共用階段、非常口等への手すりの設置、エントランスのドアを自動ドアに変更する、集会所の開口部・洗面器等を車いす使用者でも使えるようにするなどが上げられていました。

調査を終えて・・・

この調査以前では、世田谷区で区内のすべてのマンション2,127棟について、現地調査と管理組合へのヒアリングを平成14年度に実施していますが、この中で、規模や築年数などの実態と合わせて、環境面、景観面、管理実態、さらに、バリアフリー化についても触れています。マンションの入り口に段差のあるもの58.9％、共用廊下に連続した手すりがない51.0％、共用階段が高齢者にとって急である32.2％、エレベーターは車いすの配慮されていない28.6％、ドアの取手がレバー式ではない24.6％、共用廊下は車いすで通るには十分な幅がない10.9％、などとなっています。さらに、共用部分のバリアフリー化に対して、「居住者から要望が出た」4.4％、「計画修繕工事とあわせたバリアフリー化改修を検討」4.2％、「最初からバリアフリー化されており問題ない」5.6％に対し、「今まで問題になったことはない」と回答した管理組合が64.6％に上り、大きく上回っていることがわかります。

しかし、居住者が初めからあきらめてしまっている、明確な要望はないが不便を感じている人も多いのではないか、といった意見も出されています。

以上見てきたように、築年数が高いマンションが数多くあり、高齢者世帯比率が上がっている現状に対し、戸建やマンションの専有部分に比べ、共用部分のバリアフリー化は大変遅れているのが現状です。これは、共用部分の工事は、居住者の合意を得ることが難しい、工事内容、範囲等を決める際のコーディネート役を誰がやるか、といった問題と資金面での壁が大きいためです。住宅改修には介護保険等助成があるのに対し、共用部分の改修に助成を出している自治体は少なく、板橋区、墨田区、浦安市など一部に限られています。今後、助成を実施していく自治体が増えれば、それが動機付けとなり、バリアフリー化も進むのではないかと期待されます。

バリアフリー関係のホームページ

高齢社会の住まいをつくる会

http://www.kourei-sumai.com/

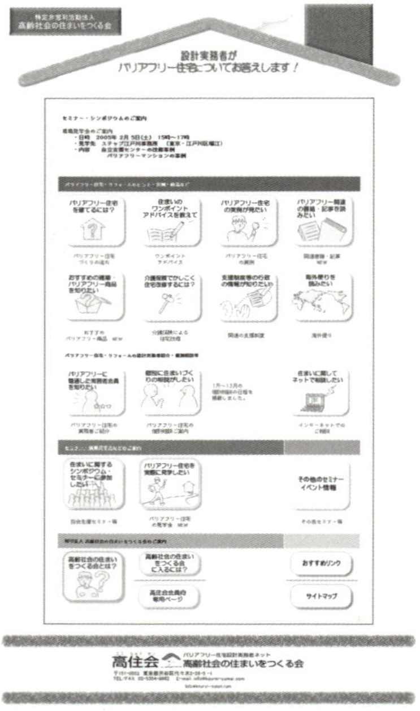

バリアフリーの建築設計に関して一定の技術レベルを持つ実務者の全国組織として発足したＮＰＯ法人のホームページ。

バリアフリー設計の理念を、高齢社会の住まいを少しでも良質なものへ導くことにより、バリアフリーが点(住まい)から線(地域)へ、そして面(社会)へと広がりをもたせることだとしています。

バリアフリー住宅を建てる際の流れから、シンポジウムやバリアフリー住宅見学会の案内まで多彩な内容を掲載し、バリアフリー住宅を考える際には欠かせない内容となっています。

高齢者住環境研究所

http://www.kojuken.com/

高齢者や障害者の生活をトータルに配慮した設計・施工を専門に多くの住宅リフォーム実績をもつ会社のホームページ。1991年に設立された高齢者住環境研究会が母体となっており、住宅の改造工事ではきめ細かい提案と工事には定評があります。いつ、どのようなタイミングでリフォームを行うかや、事故予防の観点からのリフォーム、失敗しないためのリフォームなどの解説ページも充実しています。

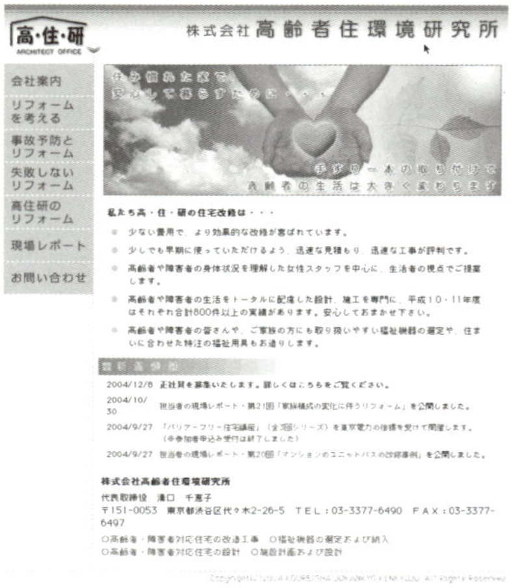

Ⅱ リフォームと空間デザイン

専有部分の改修

専有部分の改修／専有部分とは？

1. 専有部分とは？

専有部分の改修にあたって、あらかじめ知っておきたいポイントをあげました。個々のマンションの管理規約*に関わってくるため注意が必要です。

専有部分とはどこを指すのでしょうか

マンションにおける専有部分とは「区分所有法」で居住者の所有権が認められている部分を指します。詳細は個々の管理組合の管理規約で規定されますが、一般的には次のような場合が多いようです。

① 共用部分を除いた構造体の内側部分、つまり住戸内の床、壁、天井に囲まれた部分をいいます。スラブまで天井裏や床下がある場合はその部分も含まれます。

②外部廊下や外壁などに面した開口部は基本的に共用部分です。つまり、玄関扉、外部に面した窓や枠はすべて共用部分となりますので改修はできません。

③バルコニー、ベランダは共用部分ですが、所有者の専用使用権が認められている部分になります。

④配管・配線は専有部分内にある枝管*や支線がこれにあたり、パイプスペース内を貫通する縦管は共用部分になります。

＊枝管とは
給水・給湯・ガス管などパイプスペースの縦管から分枝して専有部分にある部分をいいます。

専有部分改修の前に

マンションでは住戸の所有者や借主が改修しようとするときに様々な制約があります。知らずに改修工事を行ってしまうと管理規約に違反したり、他の居住者の迷惑になることがあります。

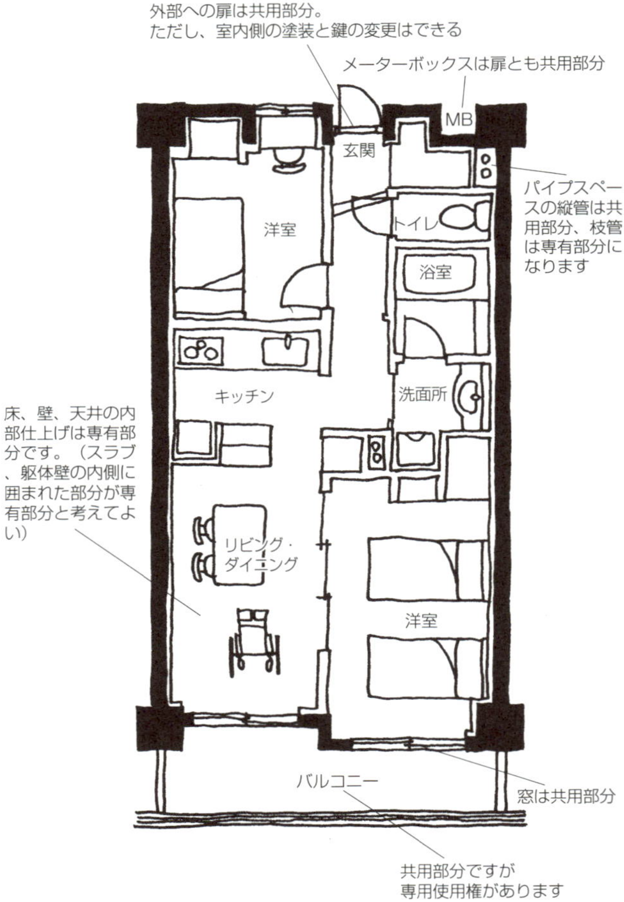

図１　専有部分の範囲

専有部分の改修／専有部分とは？

改修の前に

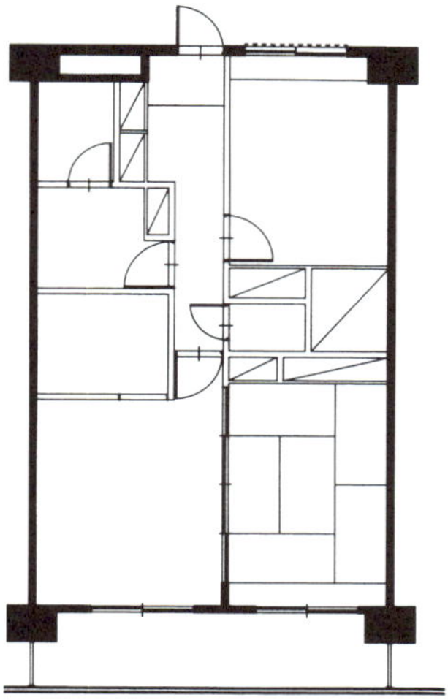

ラーメン構造の例

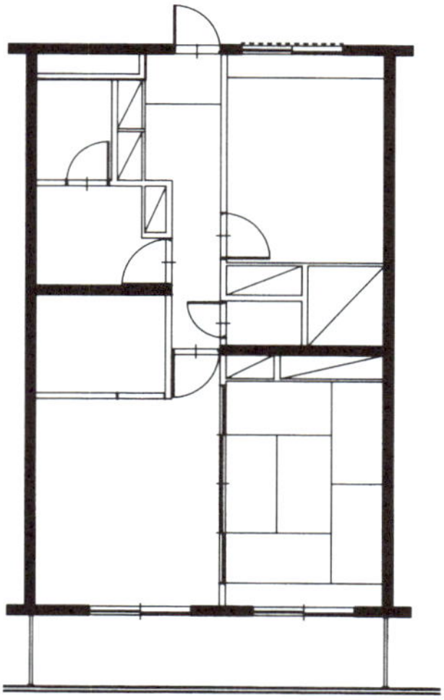

■部分が耐力壁

壁式構造の例

図２　ラーメン構造と壁式構造の違い

マンションの構造には、ラーメン構造と壁式構造があります。

ラーメン構造は梁と柱を組み合わせて荷重を支えるようにした構造で、開口部が広く取れますが、室内に梁型や、柱型が出て、壁面、天井面に凹凸が出ます。近年は住戸外に梁や柱を持っていくことで、室内に凹凸ができないようにしたマンションもあります。

これに対し、壁式構造は梁や柱がなく、荷重を支えるのは壁で、これを耐力壁といいます。配置された耐力壁は撤去することや開口部を拡げることができませんが、室内に梁や柱が出ないので空間としてはすっきりしています。つまり、ラーメン構造の場合は、間取りの変更などの自由度が高いのに対し、壁式構造は住戸内に建物の荷重を支える耐力壁があるのでこれを撤去して間取りを変えることはできません。しかし、構造的に重要でない間仕切りやパーティションで区切ってあるものは自由に撤去できます。

＊管理規約とは

マンションには日常生活で居住者が守らなければならないことや、共用部分の使い方や修繕に関して取り決めた管理規約があり、専有部分を改修する場合についてもこの規定が基になります。

管理規約では床材にフローリング材を認めないなど個々のマンションによって異なり、違反した場合は裁判になることもありますので改修にあたっては注意が必要です。

2. 専有部分の改修にあたっての問題

専有部分の改修にあたって、マンションに特有の問題があります。主に共用部分や周囲の住人との関係によるものとなります。

①構造上の問題

構造上重要な柱や梁はもとより、専有部分でも取れる壁と取れない壁があります。マンションを構造的に支えている壁を撤去することはできません。また、在来工法の浴室のコンクリートブロック壁は防水のためなので、新たに防水区画を設ければ、間取り変更時には撤去しても問題ありません。必ず管理組合で保管している該当図面を建築士に確認してもらいましょう。

②開口部の問題

玄関扉は共用部分なので扉の交換はできませんが、室内側の塗装はできます。また、鍵は壊れた場合や、防犯上の理由で付け替えることができます。外部に面した窓は開口を広げたり、形を変えたりすることはできません。管理規約によっては、窓のガラスをペアガラスや型板ガラスなど現況以外のものにすることを認めているところもありますが、基本的にはガラスが破損して取り替える場合でも同種のガラスに限られます。

戸枠、窓枠も共用部分なので、変更することはできませんが、玄関扉の内側に網戸を設けたり、窓の内側に障子や内付のサッシを取り付けて二重にすることはできます（図4）。

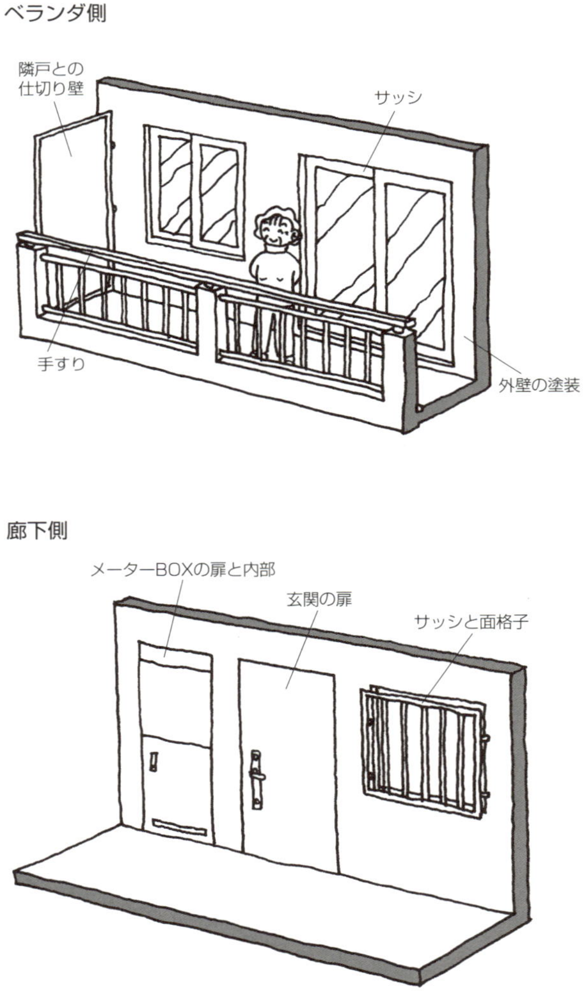

図３　改修できない開口部の範囲

専有部分の改修／改修の問題点

専有部分の改修にあたっての問題点

図４　内付け二重サッシの商品例

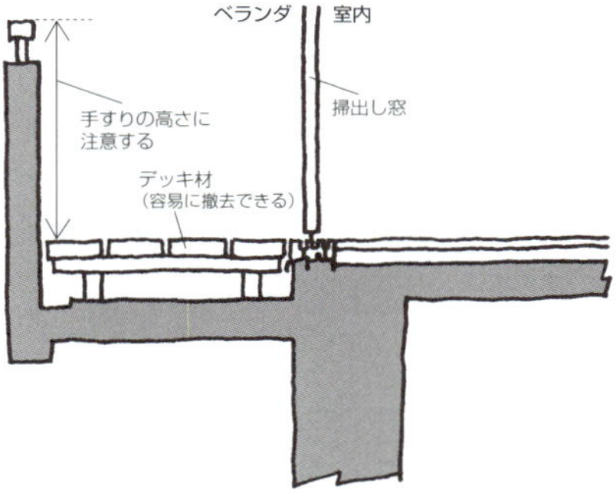

図５　床材を敷いて段差解消をした例

図６　ベランダ床材の商品例

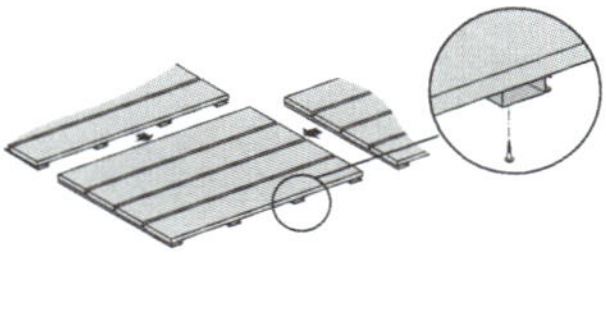

置いてつなげるだけの
タイルの商品例

③バルコニー、ベランダ、テラス、専用庭の問題

バルコニー、ベランダ、１階のテラスや専用庭は居住者だけで使うスペースなので専有部分に見えますが、実は共用部分で居住者の専用使用権が認められている部分です。タイルを貼ったり、温室を造ったり、サンルームに改造することは認められません。

隣戸との仕切り壁*やバルコニー、ベランダの手すり部分も手を加えることはできません。室内からバルコニー、ベランダへ車いすで出られるように段差をなくしたいときは撤去できる床材を敷いたりミニスロープで対応します（介護保険対象）（図5、6）。

また、バルコニー、ベランダは防水工事など定期的にメンテナンスを行いますし、避難経路としても重要ですので通路を塞ぐような使い方は認められません。

*バルコニー、ベランダの仕切り壁は火災などの際、隣戸へ避難ができるように容易に壊せるようになっています。

専有部分の改修／改修の問題点

専有部分の改修にあたっての問題

④設備上の問題

配管については専有部分内にある枝管（P34参照）は移動や撤去ができます。古いマンションでは天井内に上階の配管や共用の配管、配線設備が通っている所がありますが、これは撤去できません。

注意点として、給水・給湯管は大幅に移動したときに水圧が低下して水や湯の出が悪くなることがあります。また、排水管は排水がスムーズに流れるように1/50～1/100に勾配が決められていますが、大幅な移動ではこの勾配が取れないことがあり、移動距離が制限されます。床の高さをあげることでこの問題は解決できますが、逆に天井高が低くなったり段差が出たりするので注意が必要です。

⑤水周りの給排水管

水周りの給排水管は上下階に通すためのパイプスペースで縦管に繋いでいるので浴室、トイレなどの配置を大幅に変更することは難しくなります。高齢者の寝室とトイレを出来るかぎり近づけたいと考えても隣接させることができないこともあります。排泄の自立を促すためには、隣接させたいですが、やむを得ず、夜間だけポータブルトイレを使うことになる場合も多々あります。工事での移設が不可能であれば、寝室を水廻り近くの部屋に移動することも考えてみましょう。

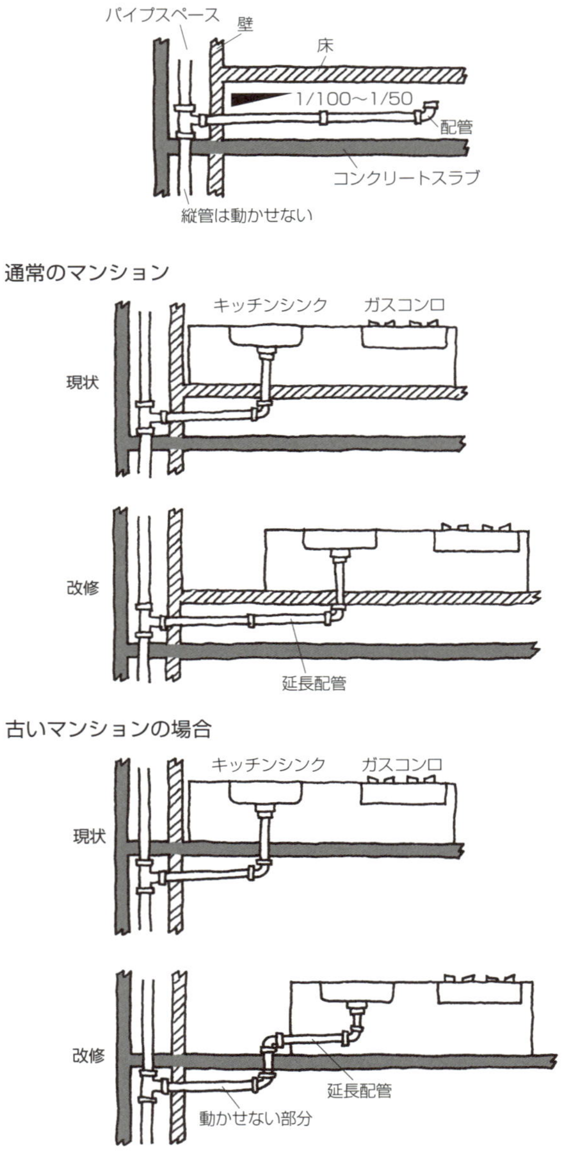

図７　排水管の勾配

専有部分の改修／改修の問題点

専有部分の改修にあたっての問題

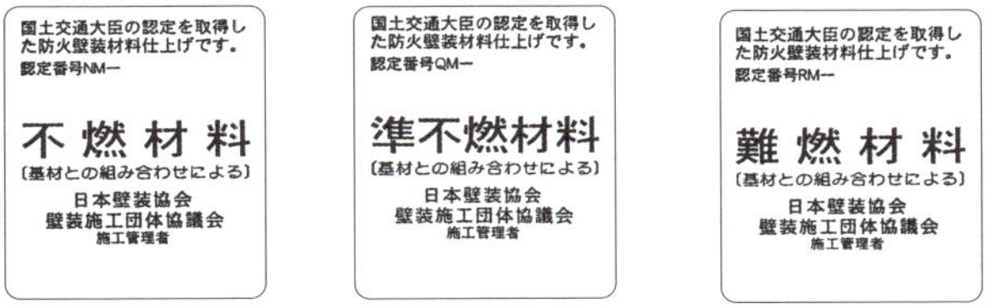

図８　防火施工管理ラベル（壁装施工団体協議会）

表１　床衝撃音に対する遮音等級と生活実感（日本建築学会）

遮音等級	L-40	L-45	L-50
人の走り回り、飛び跳ねなど	かすかに聞こえるが遠くから聞こえる感じ	聞こえるが、意識することはあまりない	小さく聞こえる
椅子の移動音、物の落下音など	ほとんど聞こえない	小さく聞こえる	聞こえる
生活実感、プライバシーの確保	·上階で物音がかすかにする程度 ·気配は感じるが気にならない	·上階の生活が多少意識される状態 ·スプーンを落とすとかすかに聞こえる ·大きな動きがわかる	·上階の生活状況が意識される ·椅子を引きずる音は聞こえる ·歩行などがわかる

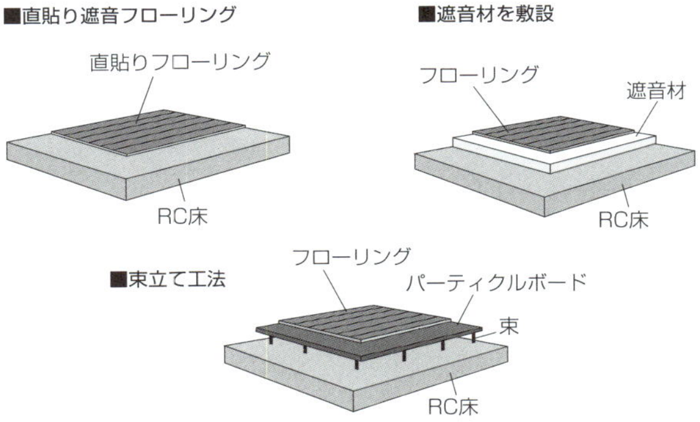

図９　フローリングの場合の遮音工法

⑥内装材料の問題

マンションは構造や面積により、内装材料に制限を受ける場合もあります。これは火災が起きたときに最小限の被害ですむように設けられたもので、制限があるときは床、壁、天井の材料に国土交通省が認定した不燃材料、準不燃材料または難燃材料を使用しなければなりません。

壁紙などの壁装材料は国土交通省の交付する認定書により「防火施工管理ラベル」の表示がされていますが、下地の性能、施工方法によりランクが違ってきます。例えば、同じ不燃認定を受けた壁装材でも下地が一定の厚みの金属板や、不燃石膏ボードでは不燃のままですが、普通の石膏ボードや木毛セメント版では準不燃にしか認定されないことがありますので、商品選択や施工監理の段階で注意を要します。

マンション特有の問題として周囲の住戸との音の問題があります。施工方法も含めて材料を安易に選んでしまうと施工前よりも音が漏れやすくなり、トラブルの原因になります。特に車いすや杖を使用する場合の床材の選択は、操作性だけでなく、階下や周囲への音の伝わり方を確かめる必要があります。

音の種類は軽量衝撃音と重量衝撃音に分けられます。軽量床衝撃音は椅子の移動やスプーンなど軽く硬いものをある高さから落とした場合発生する音で、床仕上げ材として最近多く使われているフローリング材の場合で問題となっていますが、遮音材を敷

専有部分の改修にあたっての問題

設したり、束立て工法を採用することで衝撃音を和らげることができます。

また、簡単な方法としては、カーペットを敷いたり、椅子の脚にクッション材をつけるなどもよいでしょう。

床で飛び跳ねたり、重いものを落としたときに発生する重量床衝撃音の場合はコンクリートの床スラブの仕様や厚さ、床の工法で性能がほぼ決まってしまいますので、床全体の遮音性能を確かめるには性能表示がしてあれば購入時や契約時に参考にします。

機密性の高いマンションではしばしば結露の発生やシックハウスが問題になります。換気と共に断熱材を入れたり、内装材を吸湿性のあるものにして環境を整えることも重要です。古いマンションでは断熱材が入っていないこともあり、結露対策に苦慮することがあります。このような場合はリフォームの際に断熱材のチェックを行い、きちんと敷設してさらに吸湿性のある仕上げ材を使用することで湿気対策をします。

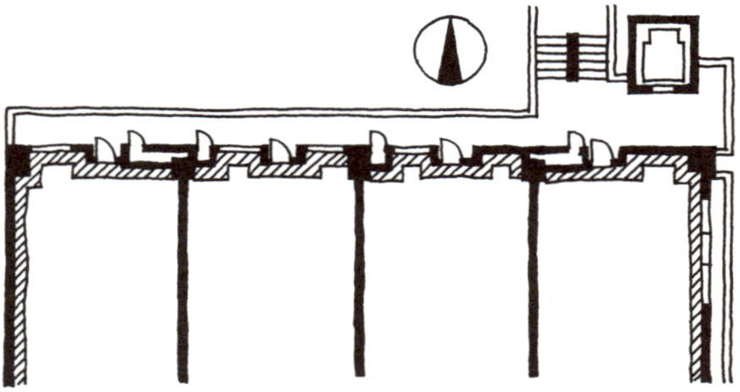

図10　断熱材を設けることが義務付けられている部分（斜線部分）（住宅金融公庫）

表2　吸湿性のある仕上げ材の例

	仕上げ材料
床	無垢フローリング材　コルクフローリング材　セラミック系タイル
壁	漆喰　珪藻土　京壁等塗り壁　セラミック系タイル　無垢板張り　月桃紙等自然素材壁紙　和紙
天井	漆喰　珪藻土　セラミック系タイル　無垢板張り

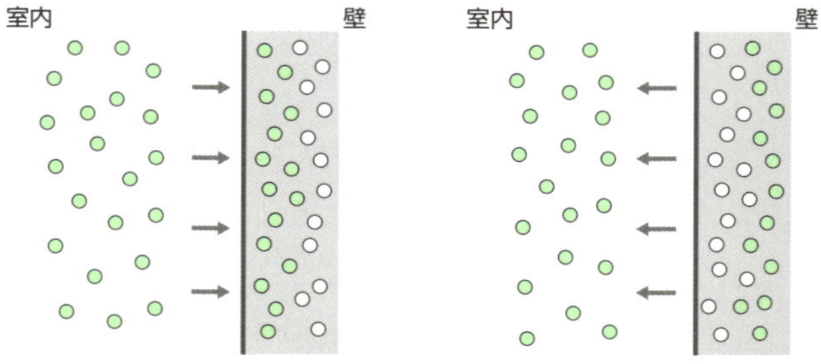

室内の湿度が高くなると吸湿する　　室内の湿度が低くなると放湿する

図11　吸湿性のある仕上げ材の吸湿、放湿機能

専有部分の改修／改修の問題点

専有部分の改修にあたっての問題

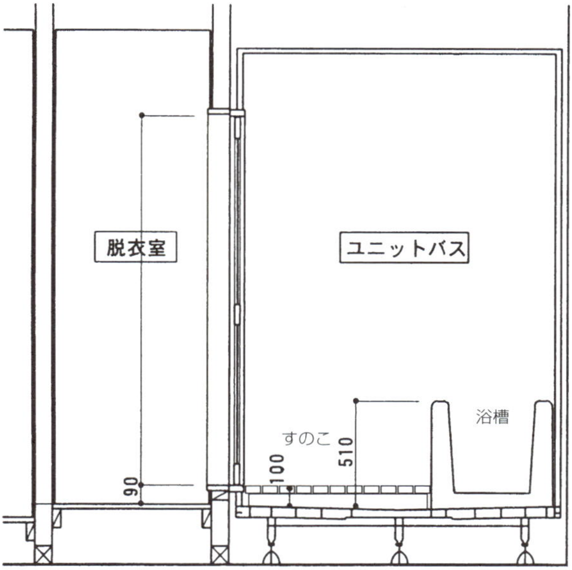

図12　浴室にすのこを設置した例

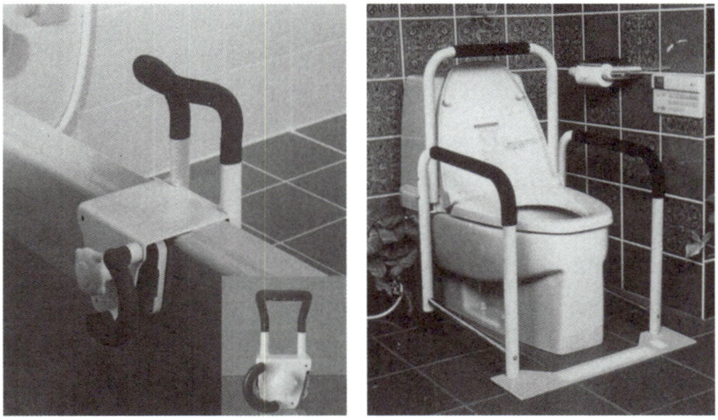

浴槽縁に取り付けるバスグリップ　　床置式のトイレの手すり

図13　工事不要の手すりの商品例

⑦賃貸用マンションの問題

賃貸の共同住宅の場合、転居をする場合は住戸内を借りる前の状態に戻さなければならずこれを「原状回復」といいます。借りている間は家主の許可があれば、専有部分を改修することは可能ですが、常に転居を想定した計画を立てる必要があります。浴室やトイレの段差解消をすのこで対応したり、工事不要の手すりや、スロープなど福祉用具を活用することはよい解決策です（介護保険対象）（図12、13）。

⑧工事中の問題

共同住宅では工事中の騒音や振動が常に問題になります。管理組合に工事期間や工事内容を事前通知して全居住者に知らせると共に、両隣り、上下･斜め隣りの居住者に施工者と同行して挨拶をしておきましょう。苦情が出た場合は速やかに施工者に対応してもらい、近隣への負担を減らすようにします。

また、工事中の駐車スペース、資材の搬入方法･ルートの検討も必要です。大きな設備は搬入にクレーンが必要になったりして思わぬところで工事金額が増えてしまいます。また、資材の搬入で共用部分を傷つけたりしないように、施工者は共用廊下、階段、エレベーターホールやエレベーター内部など床や壁を板で囲ったり、クッション材で覆ったりしてしっかりと養生をします。これらの費用は当然工事費の一部として計上されます。

3. 専有部分のバリアフリー改修の実際

3.1 間取りの変更 ―改修できるもの、できないもの―

実際のバリアフリー改修にあたってのポイントを事例とともに挙げました。間取りの変更では、改修できるものとできないものを見極めることが大切になります。

①建築士との相談

「専有部分改修にあたっての問題」(P36)で述べたように構造上主要な柱・梁・壁の移設や撤去はできません。床高、天井高、室面積は仕上げを撤去した範囲内で変更が可能になりますので、限られたスペースを有効に利用する手段を建築士とよく相談しましょう。

②室面積の拡張

6～10畳程度の個室を配置した2～4LDKタイプの専有部分が多く、車いす使用や介助者が入る場合の部屋の広さに対応していないため、部屋の面積を広げることが必要になります。撤去できる壁であれば2室を1室にしたり、室面積を拡張することを考えていきます(図14)。

③廊下幅の拡張

廊下幅の拡張は限られた面積の中なので難しいですが、車いすの回転スペースを部分的に作る、開口部を拡げるなどの工夫をします。

改修前

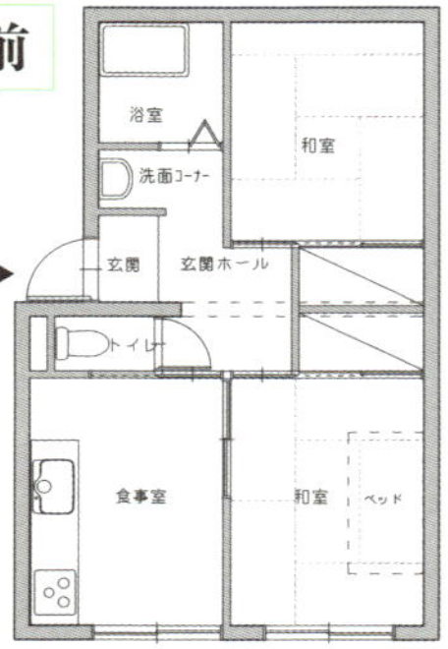

この例では、居室として使っていた和室をフローリングに変更し、食事室と一体化し、玄関ホール、洗面室・トイレとの段差をすべてなくしています。

浴室から脱衣コーナー間と玄関ホールから居室間は3枚引き戸、洗面室・トイレから居室間は2枚引き込み戸として、開口を850mm以上とっています。また、洗面コーナーにあった洗面台をなくし脱衣コーナーとして広く使えるようにし、洗面台は拡張したトイレに下部が空いたカウンター式のものを設置して、居室から短距離でいけるようにしています。

改修後

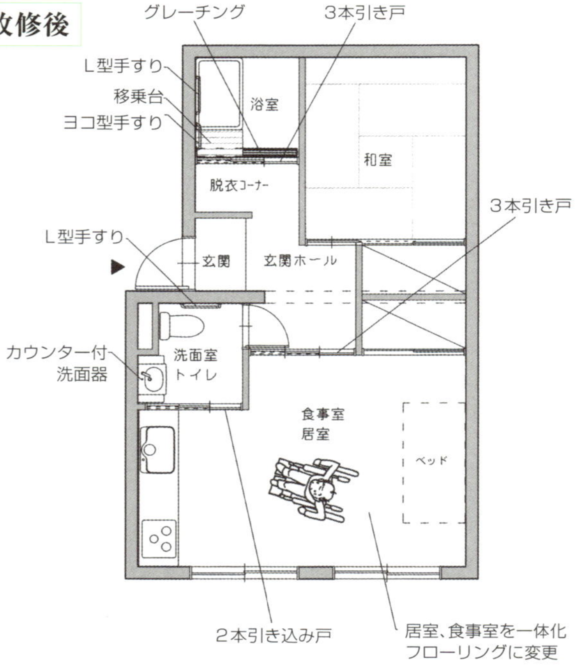

図14 低床式車いすのために2室を1室とした事例

専有部分の改修／間取りの変更

間取りの変更について

④収納の工夫

戸建に比べ収納スペースが少なく、一般に物が多い高齢者の生活では目的別の収納や壁厚を利用した収納等の工夫が要ります。使用頻度の少ないものは身の周りから整理するといった生活全体からの見直しも必要でしょう。

⑤避難経路の確保

共用部分とも関連しますが身体状況が変化しても避難経路が確保されているか、安全に救助を待つスペースがあるかは、重要なポイントになります。2方向の経路を確保するためには、外部廊下とベランダ側へ支障なく出られるような計画をしましょう。

図 15　目的別のシステム収納

図 16　梁の出、壁厚を利用した収納

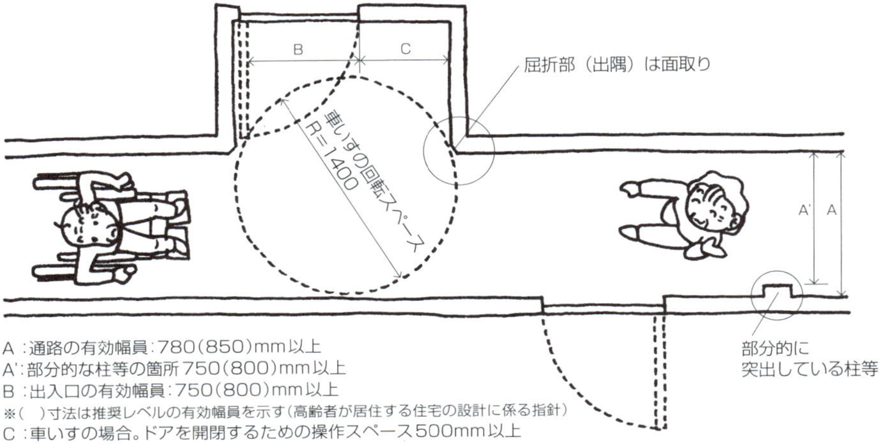

A :通路の有効幅員:780(850)mm以上
A':部分的な柱等の箇所 750(800)mm以上
B :出入口の有効幅員:750(800)mm以上
※(　)寸法は推奨レベルの有効幅員を示す(高齢者が居住する住宅の設計に係る指針)
C :車いすの場合。ドアを開閉するための操作スペース500mm以上

図 17　車いす使用者の通路と開口部の関係

間取りの変更について

⑥開口部の改修

改修できるもの、できないもの

「専有部分改修にあたっての問題」(P36)でも取り上げたように、外部開口部である玄関扉(内側の塗り替え、鍵の変更を除く)、外部に面した窓は基本的に変更できません。管理規約で窓ガラスの変更を認めている場合もありますので、結露防止にペアガラスにしたい、重くて開けられないので軽いものにしたいといった場合には一度調べてみましょう。

介護保険への対応

専有部分については要介護認定を受けていれば、ドアを引き戸にしたい、開口部を拡げたい、などは介護保険の適用が受けられますので積極的に利用しましょう。古くなったからという理由だけでは介護保険の対象にはなりませんが、戸が重くて開けられない、丸ノブが廻せないなどの理由があれば、戸車の変更やドアノブからレバーハンドルへの取替えも対象になります。

車いす使用者の場合は、開口部分などは方向転換に取り回しのスペースが必要です。開口部分や廊下幅を拡げるなどの工夫をします。

取り付け可能なもの

外部に面した窓の内側に障子やサッシをさらに取り付けることはできます。サッシの内側に二重に取り付けるためのサッシも商品化されています(P37の図4参照)。

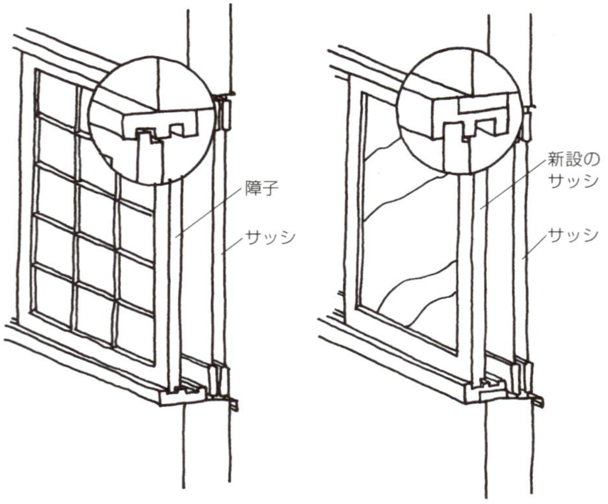

サッシの内側に木枠を取り付けて障子をいれる　　新たに枠とサッシを取り付ける

図18　障子の取り付けや二重サッシにした例

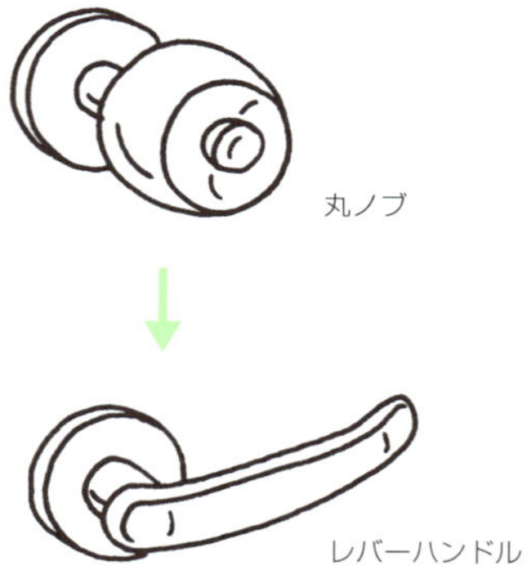

図19　ドアノブの変更例

専有部分の改修／間取りの変更

改修事例 A〈間取りの変更〉 水周りへの動線を短縮して将来の車いす使用に備えた事例

間取りの変更

［状況とニーズ］

■住居：築6年の分譲マンションの6階

■本人の身体状況等：60歳女性　40歳代で発病した慢性関節リウマチ。屋内では杖歩行。外出時には車いす使用。階段昇降や段差を超えることが困難になっている。ADLは自立。入浴はシャワーチェアー、バスボードと浴槽台を使用。

■同居家族：夫、60歳代

■ニーズ：トイレ、浴室、洗面室が遠くて歩いていくのが大変なので動線を短くしたい。調理、洗濯はできる限り自分で行いたい。

改修前

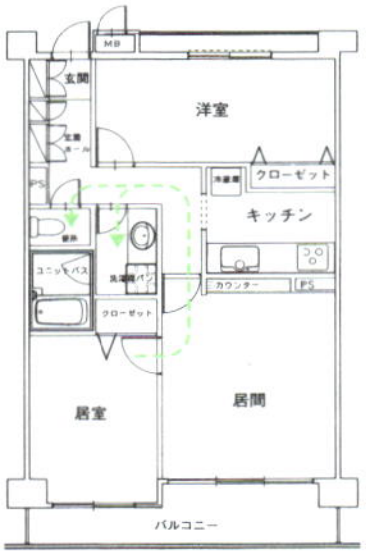

改修後

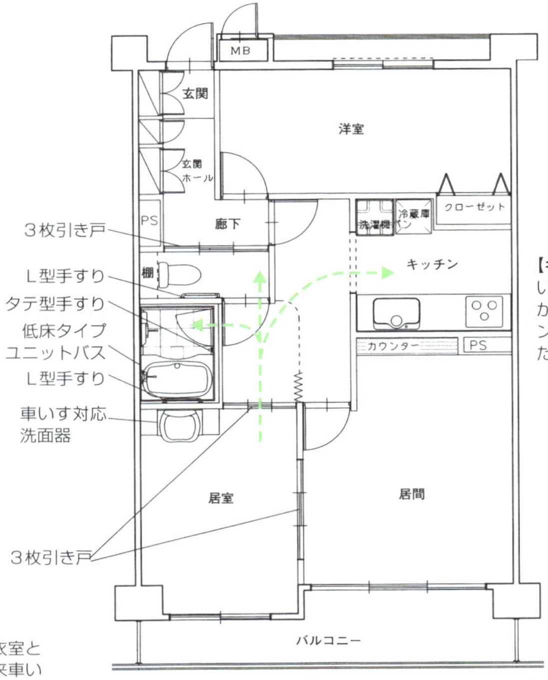

【トイレ】
トイレは入り口を２ヵ所設け、各個室からアクセスすやすくするとともに将来、廊下を介助スペースに使えるようにした。

【ユニットバス】
低床タイプに交換して、段差をなくし、必要なところに手すりを設けた。

【洗面台】
洗面台は居室に移設し、脱衣室と水周りへの動線部分を、将来車いすに使用になっても動きやすいように広げた。

【キッチン】
いすに座って洗い物ができるように、シンク下の扉を撤去した。

【改修後】
杖歩行が可能なうちは残存能力を生かし筋力低下や拘縮を起こさないように排泄、入浴、調理、洗濯などができるように計画した。将来は屋内でも車いすを使用することになるが、動線は確保できたので後は入浴リフトの導入が考えられる。

工事費用：約200万円

専有部分の改修／間取りの変更

改修事例 B〈間取りの変更〉 車いすで生活できるように間取りの変更をした事例

間取りの変更

[状況とニーズ]

■住居：築20数年の3階建共同住宅（本人所有）の3階

■本人の身体状況等：70歳女性。大腿骨骨折により入院、車いす使用となりリハビリ中。一時的立位は可能。

■同居家族：独居

■ニーズ：車いす使用での生活ができるよう段差解消、開口幅の確保等、全面改修を希望。

改修前

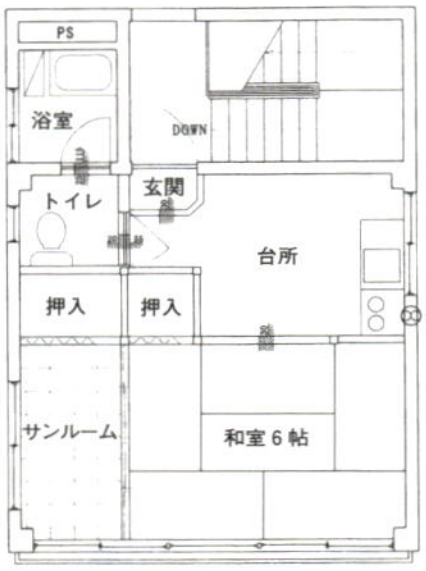

改修後

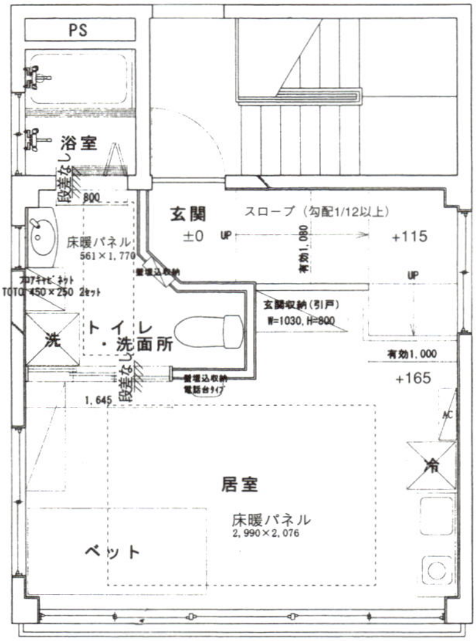

【玄関】
屋内を段差解消するために設備配管の関係上、床を165mm全体にかさ上げし、共用廊下との段差はスロープを設け車いすでの出入を可能としている。また、来客の度に玄関まで鍵を開けに行かずにすむように電子錠付きのインターホンに取替え、居室で操作ができるようにしている。

【浴室】
トイレ･洗面との境の扉をバリアフリー用の折れ戸にすることで、段差をなくし、車いすでのアプローチを可能にしている。また、浴槽の縁の高さも400mmに設定、車いすから移乗して浴槽に入れるようにしている。

【暖房設備】
暖房設備は部屋全体を均一に暖めるガス床暖房を居室とトイレ･洗面に設置している。また、浴室には暖房乾燥機を取り付け冬期の入浴時に利用するとともに、梅雨時の洗濯物干し場としても利用できるようにしている。

【トイレ･洗面】
居室を広くとるために、トイレ･洗面は１室で計画し、居室との境の扉も有効開口955mmの３枚引き戸とすることにより、車いすでの通行を楽にしている。

【改修後】
高齢の独居ということで退院直後は、暖房設備や電子ロックの使い方にとまどっていたが、周囲の人達の手助けもあり、快適な自立生活をおくっている。

工事費用：約650万円

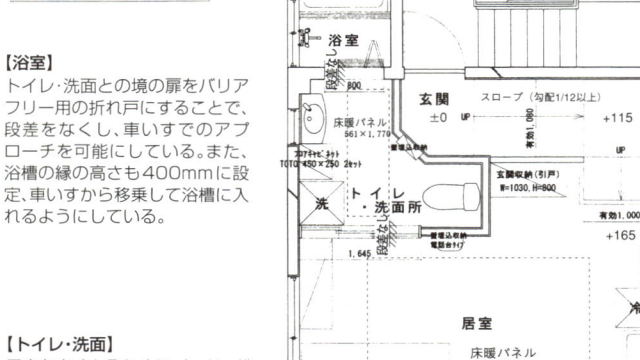

改修事例 C〈間取りの変更〉 廊下部分を取り込み車いす使用を可能としたトイレの改修事例

間取りの変更

[状況とニーズ]

■住居：築10数年の分譲マンションの4階

■本人の身体状況等：60歳女性。50歳を過ぎた頃から難病のため両下肢が不自由となり車いす使用となる。現状では、両上肢でつかまる物があれば数歩の移動は可能。

■同居家族：夫62歳

■ニーズ：夫の職場近くにバリアフリー仕様とされるマンションを購入。段差こそ少ないものの車いす使用で生活できるようには考えられていないため、入居前に自立排泄が可能なように改修を希望。頻尿により、便器への移乗に時間がかかると失禁もありうるため、移乗が楽にすばやくできることが望まれた。

改修前

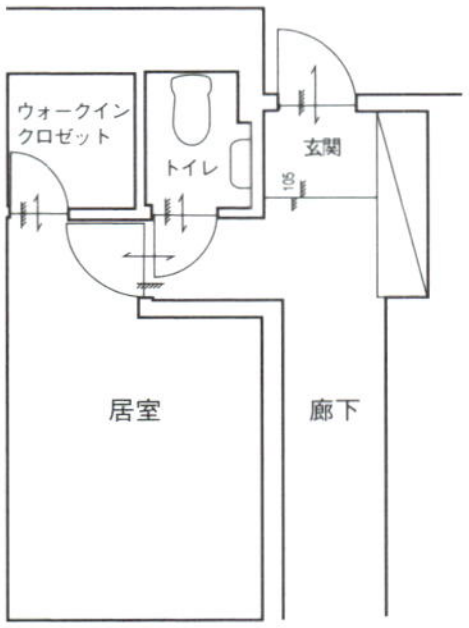

改修前に、便器への移乗動作を行ってもらった。トイレ出入口の前で車いすから降り、壁、手洗い器を伝って便器にやっとたどりつく状況だった。その間の時間がかかるため、できる限り便器に車いすごと近づける工夫が求められた。トイレ出入口の建具と袖壁を撤去、更にトイレのスペース確保のため、廊下をとり込み、玄関と廊下の間に上吊り式の片引き戸を設置し、車いす上での開閉のしやすい位置に大型の引き手を取り付けている。前面アプローチで便器への移乗時には、どうしても手洗器に体重をかけてしまうため、手洗器を囲む形で手すりを設置した。

改修後

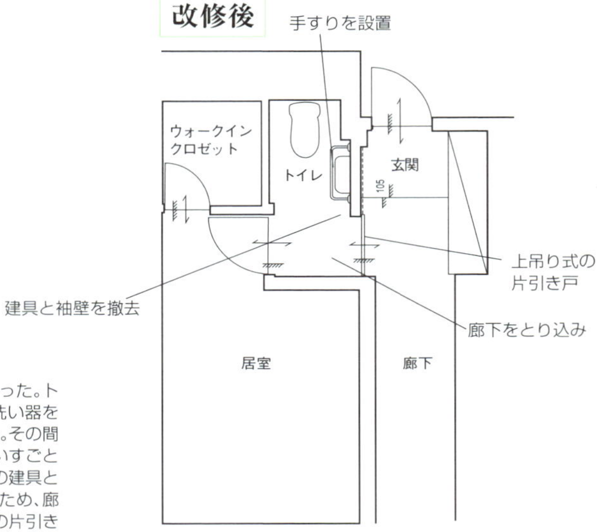

【改修後】

入り口の開口が広くなったことに加えドアも引き戸になったことで移乗までの移動時間が短縮、便器前のスペースも広くなり楽に移乗できるようになった。難病の進行によっては、将来、車いすでの自立にも不安があるため、現時点での排泄行為を自立させ、しかも限られた予算で対応する必要があった。

工事費用：約38万円

3.2 玄関・居室等の改修

玄関・居室では段差の解消と車いすなどのためのスペースの確保が改修の主な目的になります。住居内の動線を総合的に考える必要があります。

①上がり框の段差

外廊下と玄関の段差や玄関扉の沓摺り段差、テラス、専用庭と室内の段差は共用部分と関係しますので改修はできませんが、簡易スロープや式台、ベンチなどで段差解消を図ります。

上り框の段差はなるべく低く抑えたいですが、スラブ上に配管スペースをとっている場合が多いので、ある程度の段差は避けられません。浴室などの水周りに大きく段差があり、日常の生活に支障をきたす場合は、逆に上がり框にまとめて段差を取り、他の居住スペースの段差を押さえる改修も考えられますが（介護保険対象）、大掛かりな改修は避けられません。

上がり框に段差が残ってしまう場合は、昇降のために手すりを取り付けましょう（介護保険対象）。式台やベンチを設けた場合も昇降動作や移動のための手すりの取り付けを同時に行います（介護保険対象）。

②玄関での車いすのスペース

玄関や玄関ホールで車いすの乗換えが必要なときは車いすを取り回すスペースとして1500mm角位の面積が必要になります。外出用の車いすの置き場所も確保しましょう。

図20　上がり框に手すりを取り付けた例

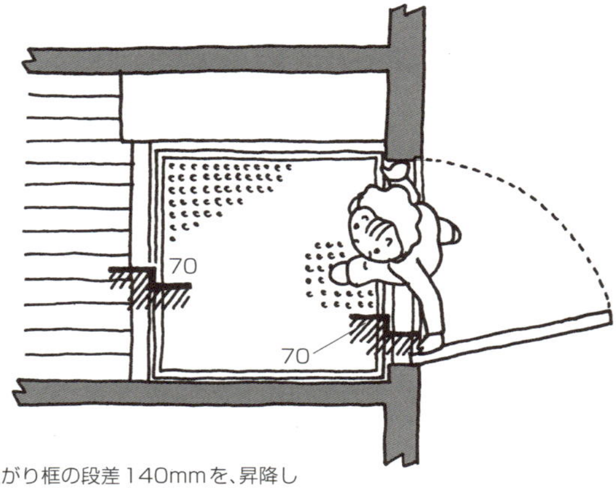

上がり框の段差140mmを、昇降しやすくするために高さを2分する式台を土間全体に設置固定しています。上がり框で70mm、玄関ドアの下部で70mmの段差としています。台の上面は滑りにくいシート張りです。

図21　上がり框に式台を設けた事例

玄関・居室等の改修について

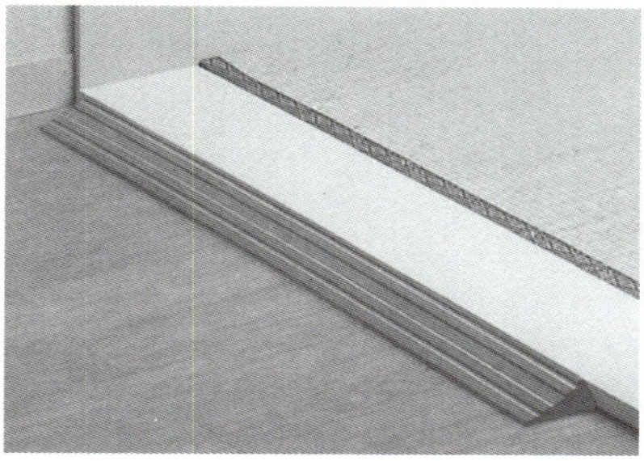

図22　ミニスロープの設置例

③住戸内の段差

廊下と居室、廊下と浴室・トイレ・洗面室、洋室と和室といった住戸内の段差はつまずきの原因になりますので極力取りましょう。比較的大きな段差は意識して足を運びますが、小さな段差は逆に一寸足が上がらないだけでつまずきの原因になります。敷居を取って平らにしたり、ミニスロープを設置してつま先が引っかからないように、また、車いす使用の場合はスムーズに移動できるようにします（図22）。

和室は天井高さが確保できれば床を400mmほど上げて腰掛けたり、車いすから移乗できるようにすることもできます。こうすると洋室でいすに腰掛けている人と目線が合うので無理なく会話ができます。ただし、畳の上に立った際の天井高や、梁に頭をぶつけないかを十分に確認しましょう。

居室の一部に腰掛けて足を伸ばせる高さ400mmの畳コーナーを設けています。畳下には側面から使用する引き出しを作りました。

図23　和室床を上げた事例

専有部分の改修／玄関・居室等の改修

改修事例 D〈玄関・居室の改修〉 開口部や廊下幅を拡げて車いす使用を可能とした事例

玄関・居室等の改修

[状況とニーズ]

■住居：築14年の分譲マンションの3階

■本人の身体状況等：30代男性。交通事故による脊椎損傷で両下肢麻痺がある。自走式車いす使用。上肢によるプッシュアップが可能で環境が整えば日常生活動作はほぼ自立可能と判断した。

■同居家族：妻30代　子供一人

■ニーズ：段差のある敷地にあった一戸建て住宅を売って、エレベーター付きマンションの一戸を購入して改修。仕事があるため、通勤や外出ができることを一番の目的にしている。また、妻も仕事を持ち介助力には限りがあるため、日常生活動作の自立が不可欠。

改修前

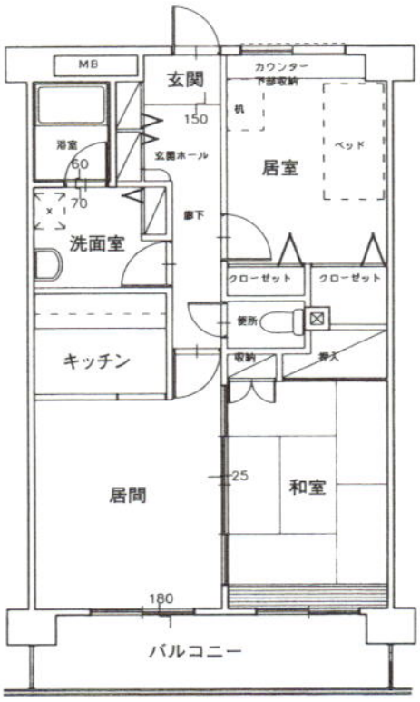

改修後

【浴室】
浴室は浴槽がそのまま使えたので、樹脂製のすのこを敷いて移乗台を設置し、車イスからプッシュアップで乗り移って洗体、入浴している。

【玄関】
玄関と脱衣室が比較的広い、収納がたくさんあることが気に入って購入したが、玄関で内外の車イスを乗り換えているのでさらに拡張が必要になった。上がり框の段差はミニスロープで対応している。

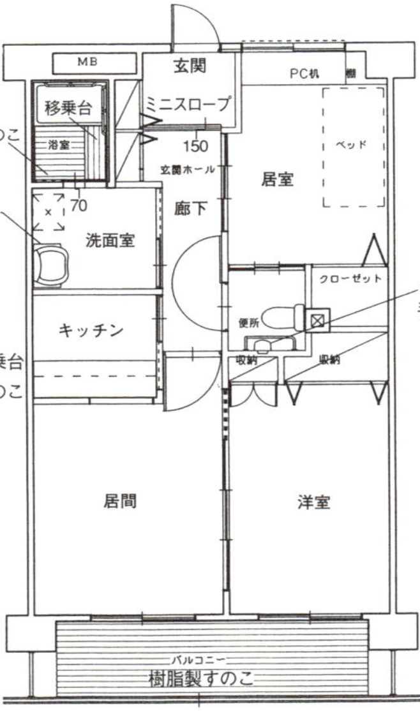

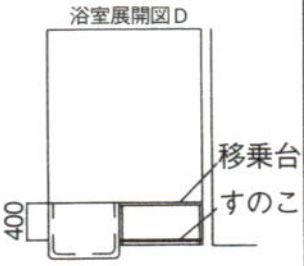

【居室】
居室は開き戸を引き戸に変更。窓際に仕事で使用するパソコン机と棚を造りつけた。クローゼット内も手の届く高さにハンガーパイプを通したり、扉に鏡をつけることで、更衣が自立した。

【廊下等】
居室、廊下、洗面所やトイレに既存の幅木の変わりにキックガードを取り付けている。

【居間】
居間は音の問題を考慮して、コルクフローリングへ変更。150mm拡幅した廊下と一体的に開口部を拡張した。和室もコルクフローリングに変更、段差解消に伴い3枚の引き込み戸へ変更、収納扉も高さを合わせ居間と一体的に使用している。

【トイレ・洗面】
トイレはスペースを拡げると共に、居室側からは3枚引き戸、廊下からは開き戸の角度を全開とすることで車いすの操作をスムーズに行えるようにした。移乗用L型手すりと手洗い器を設けた。洗面所は開き戸を引き込み戸に変更。車いす対応の洗面器を設置した。

工事費用：約220万円

【キッチン】
キッチンはキッチンセットを移動して、引き込み戸を廊下側に設けている。これはトイレに廊下側から入るときも車いすの逃げ場になる。床材は滑りにくい長尺シートを使用。

【改修後】
まだ若い年代のため、できるだけ残存能力を活かし、筋力を衰えさせないように、かつ日常生活がスムーズにできるように設定した。仕事に行くため一人で入浴、整容、更衣をして、外出ができるようになり、日常生活動作はすべて自立した。

専有部分の改修／玄関・居室等の改修

改修事例 E〈玄関・居室の改修〉 水廻りの建具を引き戸に交換することで車いす使用を可能とした事例

玄関・居室等の改修

［状況とニーズ］

■住居：新築分譲マンション8階

■本人の身体状況等：脊椎損傷で車いす使用、23歳男性。新築マンションへの引越しを前に事故にあい、入院リハビリ中。

■同居家族：両親

■ニーズ：バリアフリー設計のマンションを購入したため、住戸内の段差は解消されていたが、出入口の扉は全て開き戸であり、車いす使用での開閉操作には問題があった。両親は、日常生活はできる限り１人で行えるようにさせたい意向で、新築マンションといえども必要最低限の改修はやむを得ないと判断した。

改修前

【洗面所】

改修前の洗面台はシンク下が収納になっており、車いすでの利用は出来なかったが、シンク下に足を入れられるように、洗面台の扉と台輪を撤去して車いすのままアプローチできるように改修した。また、なくなってしまった洗面台下収納の代わりに天袋収納を追加している。トイレ、洗面所共に入口は寝室同様、廊下に面している開き戸のため、引き戸にし、かつ開口巾を広げている。また、大き目の引き手を取付け、手も不自由な息子さんが一人でも楽に開閉できるようにした。その他、息子さんの動作に合わせ、玄関、脱衣室、浴室に手すりを取付けている。

改修後

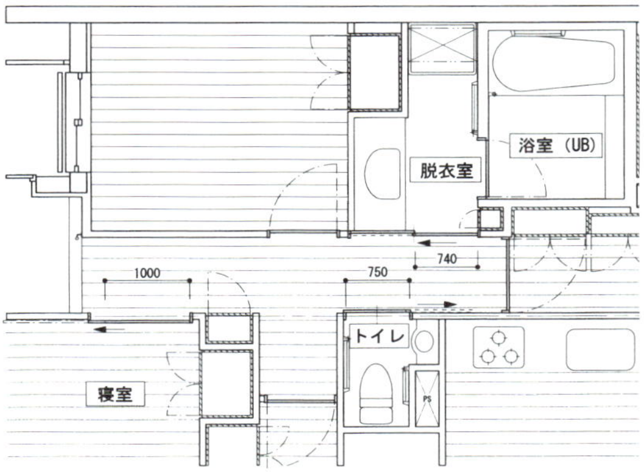

【寝室】

入口は、巾850㎜の廊下に面している開き戸で開口巾が730㎜あり、出入りには90度に曲がる必要があるため、車いすでの移動は困難。そのため、既存の間仕切壁を一部解体して、有効開口巾を1000㎜確保し引き戸とした。

【トイレ】

リハビリにより、手すりがあれば車いすから便座への移乗などは自分で行えるため、息子さんの動作を見て位置を決定した。また、移乗する際には全体重を手すりにかけるため、既存の壁では強度が確保できないので、壁を一部解体し内部に補強の板を取付け、クロスを貼っている。また、ペーパーホルダーは、壁に取付けると移乗の際に体に当たってけがをしてしまうため、手洗器の下の奥まっている扉に取付けた。

【改修後】

改修により室内移動はもちろん、一人でトイレと洗面所を利用できるようになり、家族の介助は思ったより少ないとの事。また、新築で入居して間がないため、内装仕上げが改修部分と違和感が出ないように気を使ったが、この点でも「入居時からこの仕様だったみたい」と言われ、息子さん、家族ともに快適に生活している。

工事費用：約90万円

専有部分の改修／玄関・居室等の改修

改修事例 F〈玄関・居室の改修〉 日常生活に必要な部分を車いす使用が可能なように段差解消した事例

玄関・居室等の改修

［状況とニーズ］
■住居：築20数年分譲マンション3階
■本人の身体状況等：72歳女性　糖尿病のため右足切断。車いす使用。入院中。
■同居家族：夫 75歳
■ニーズ：玄関、廊下、各室内の各所に段差があるため、退院を控え、車いす使用での生活ができるよう必要最低限の改修を希望。

改修前

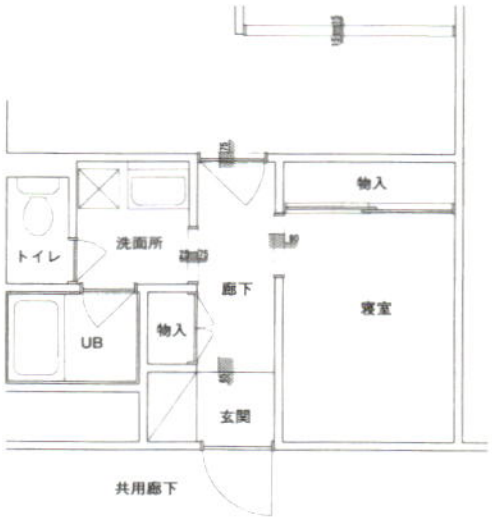

【リビング】
リビングの床を上げるとその他の部屋やキッチンとの関係で支障が出るため、リビングと廊下間には備え付けのスロープを設けた。また、洗面所の入口の開口を広げることで、車いすでのアプローチを楽にした。

【廊下・寝室】
最低限使用する室は、寝室・トイレ・洗面所・リビング。これらの室の行き来を自走の車いすでできるよう廊下・寝室の床をフローリングにてかさ上げをした。

改修後

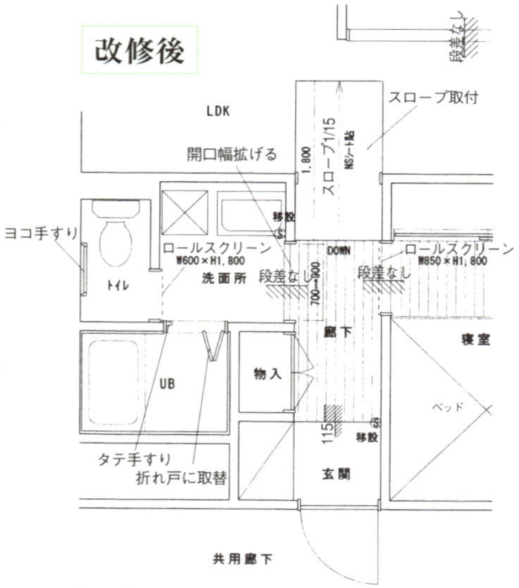

【トイレ・寝室】
トイレ・寝室の扉は開き戸でしたが、有効開口を少しでも広くするため、取外しをし、ロールスクリーンとした。

【浴室】
浴室の扉も開き戸は内側が広く使えないということもあり、あわせて折り戸に取替えをした。

【玄関】
廊下の床を上げることで、結果的に玄関の上がり框のところで段差が増えてしまうが、本人一人での外出はなく、外出する場合は必ずご主人等が付き添うので、事実上は支障がない。

【改修後】
本来このような場合は、全面的なリフォームが望ましいが、予算のこと、将来もここに住み続けるのかどうかといった問題もあり、最小限の工事をという希望で、部分的に改修をすることになった。また、今回は、退院の日が急遽決まったこともあり、最初の依頼から設計・見積・工事完成まで2週間という短期間で行った。

工事費用：約65万円

改修事例 G〈玄関・居室の改修〉 洋室と和室床を段差解消し、畳からフローリングに変更した事例

玄関・居室等の改修

[状況とニーズ]

■住居：築15年分譲マンション6階

■本人の身体状況等：70歳男性　脳梗塞の後遺症。軽度の右半身麻痺。自立歩行、右足をひきずっている。

■同居家族：妻 65歳

■ニーズ：畳就寝をベッド就寝に変えるにあたりフローリングの床に変えたいと希望。

改修前

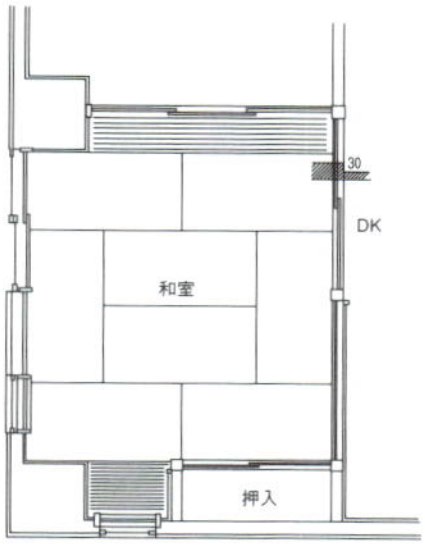

【和室】

南に面した８畳の和室を、寝室兼居室とするために、フローリング貼りの床にかえた。また、隣室のダイニングとの境の30mmの敷居段差をとり、床レベルがフラットとなるように、これまでの畳の床面より30mm下げてフローリングで仕上げた。引き違いのガラス戸も、開閉が軽く開口幅が十分にとれる片引きのアコーディオンカーテンに変更している。床をフローリングに張り替える事で、和風の壁面の仕上がりと、洋風の床材とのアンバランスさを奥様が懸念していたため、ちょうど古くなっていた押入の襖を洋風の生地に貼り替え、イメージを変えることが出来た。

改修後

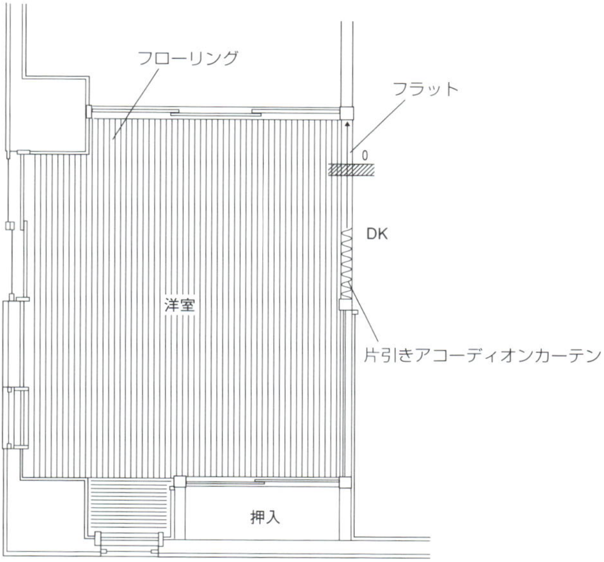

【改修後】

右足をひきずっての歩行が、畳の床に比べはるかに円滑となった。また、予算に余裕があれば、既存の障子を外してカーテンに変えれば、生地の選び方によっては、がらりと雰囲気は変わるということを課題として残していたが、生活してみると、障子も壁も天井も全く違和感ないと感じてもらえた。

工事費用：約40万円

3.3 水周りの改修

水周りの改修では、給排水の配管の位置によって制限されるものがあります。また、滑りやすい場所なので、床材などに適切な部材を使う必要があります。

①水周りの床

水周り部分の床が一段上がっているマンションは数多くあります。これは、床下に給排水の配管があるためで、この段差の高さは主に排水管の勾配で決まってきます。したがって、この段差をなくすために水周り部分の床を下げることは、ほぼ不可能です。床を下げるのが無理であれば、下げられない水周りの床を基準にして、周りの床を上げることで段差解消が可能となります。

②水周りの配置換え

「専有部分改修にあたっての問題」(P36)でも述べたように、水周りの配置換えは給水･給湯管や雑排水管の位置によって制限されます。全体の床高をあげることで、パイプスペースから遠い位置に水周りを移動することができますが、天井高が不足したり、他の所に段差が出ないか注意しましょう。居室の天井高は建築基準法で2.1m以上確保することが決められています。梁が室内に出ていて室内の一部の天井が下がっている場合や傾斜天井の場合は、全容積を床面積で割った平均値が天井高になりますので注意しましょう。

③内開き戸は引戸に

内開き戸は、室内で転倒したり、倒れた場合に救助が困難になるので、外開き戸または折れ戸、

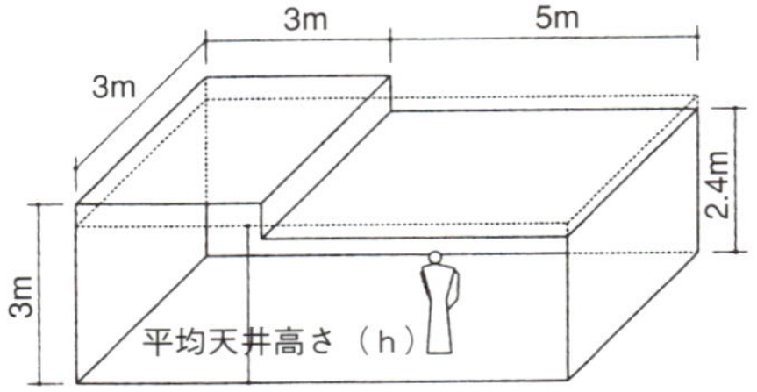

上図の場合の平均天井高さ(h)は次のとおりである。
居室の全容積＝(3×3×3)＋(5×3×2.4)＝63
居室の床面積＝3×(3＋5)＝24
∴平均天井高さ(h)＝63/24≒2.62m

図24　居室の天井高の計算方法
（福祉住環境コーディネーター検定試験１級テキストより）

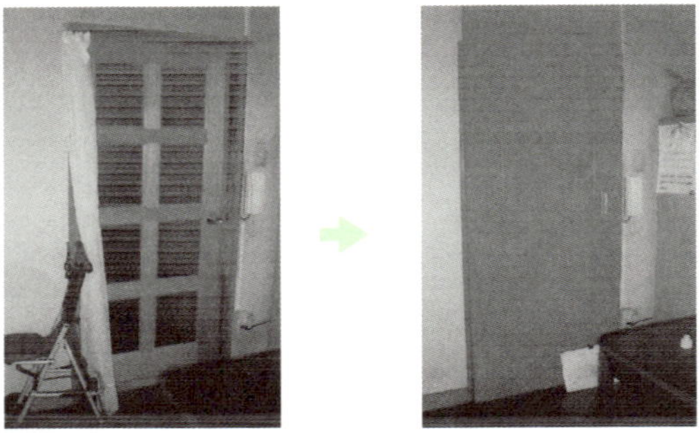

図25　内開き戸を引戸に換えた例

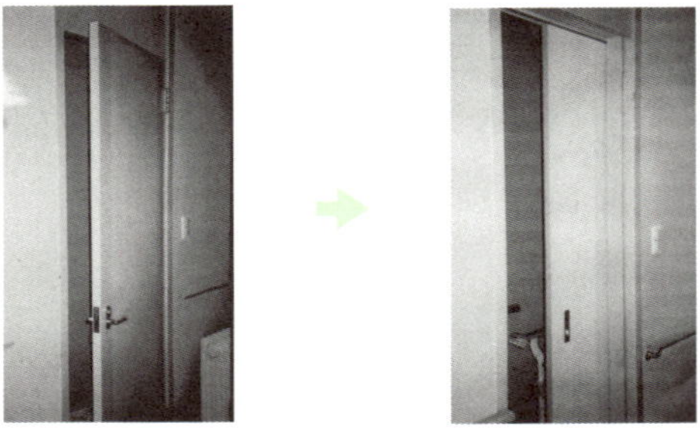

図26　外開き戸を引戸に換えた例

専有部分の改修／水周りの改修

水周りの改修について

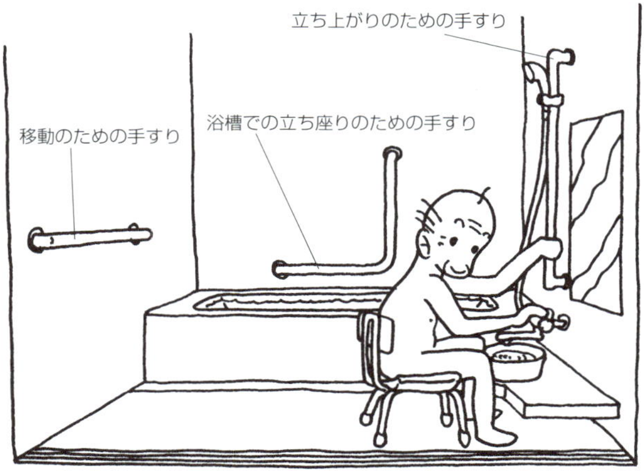

図 27　浴室の手すり設置例

■手すりの種類

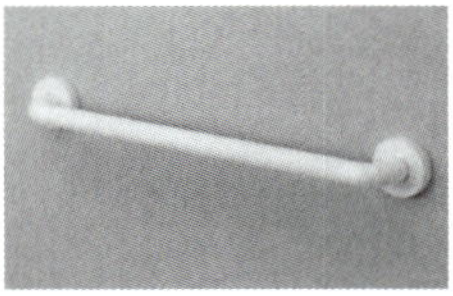

Iタイプ

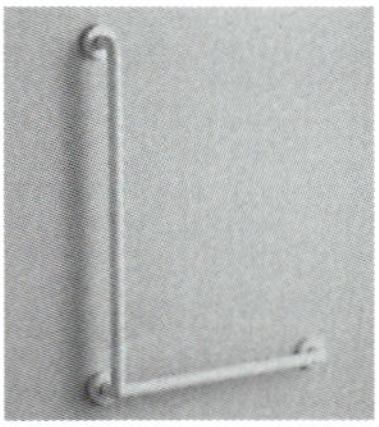

Lタイプ

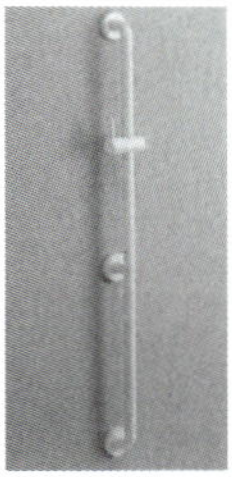

シャワー用スライドバー兼用タイプ

■金物を挿入して緊結する方法

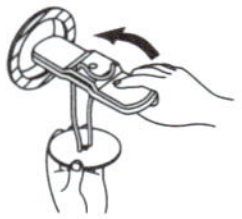

直径50の穴を開け壁裏にアンカーを投入

ひもを引っ張りアンカーを展開

取付金具を固定後、手すりを取付けて完成

■凝固材を注入して固定する方法

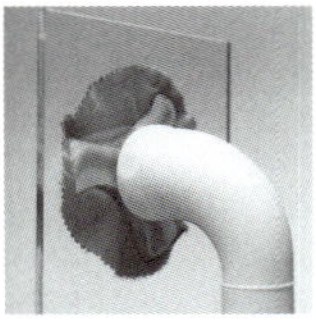

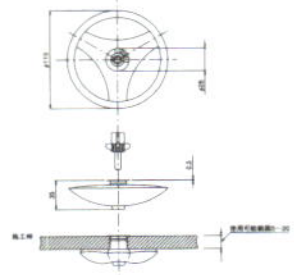

できれば引き戸に交換します。

浴室の場合、外開きは水仕舞が悪いため外開き戸は、使われません。折れ戸に交換する事例が多くあります。また、開口部を拡げられれば３枚引き戸にして段差解消すると、車いすやシャワーキャリーでの出入りが楽にできます（介護保険対象）。

トイレは引き戸またはアコーディオンカーテン等にするか、内開き戸は外開き戸に吊り元交換をします（介護保険対象）。

④手すりの取り付け

浴室の出入り、洗い場での動作時、浴槽への出入り等のために、手すりを取り付けます。トイレや脱衣室は、着脱衣やかがむ、立ち座りなど複雑な動作が重なる場所ですので、ひとりひとりの動作を確認した上で適切なところに手すりを取り付けます（介護保険対象）。

ユニットバスにも後付け用の手すりが商品化されています（介護保険対象）。鋼板やタイルの壁裏に凝固材を充填して固定する方法と、金物を挿入して緊結する方法がありますが、FRP＊や大判タイル、大理石などには手すりをつけることはできません。商品によって取り付け可能な壁材が決まっていますので、メーカーに情報提供をしてもらいましょう。

浴室内での転倒は大事故につながりかねませんので、安易な取り付け方は避けましょう。

＊FRPは強化プラスチックのことで、ユニットバスの壁材や浴槽に使われています。

専有部分の改修／水周りの改修

水周りの改修について

⑤水周りの床材

水周りの床材は特に滑らないものを選びます。タイルやフローリング材、長尺シートでも滑りにくく加工した商品が出ていますので利用しましょう（介護保険対象）。また、車いすでも操作性の良いもの、キャスターやいすの脚で傷が付きにくいフローリング材も商品化されています。

特に浴室の床は滑りにくい材質であることと、在来工法では床面に水がたまらないよう勾配のとり方にも注意が必要です。商品としても、水のたまりにくい浴室床材が開発されています。

⑥設備を増やす前に･･･

水周りは設備が集中する所ですので、新しい設備や福祉用具を入れたときは、操作が簡単であっても慣れていないために使いこなせないことがありますので、使いこなせるかどうかを事前にショールームなどで体験することをお勧めします。また、オートマチック操作の給湯器、浴室暖房乾燥機、バスリフト、水栓金具、洗浄機能付き便座、昇降式便座、IHクッキングヒーター、電磁調理器、食器洗浄器、電子レンジ等は設置したら一度操作を説明してもらい確認しましょう。

図28　滑りやすい浴室床による事故

図29　コルクフロアの商品例

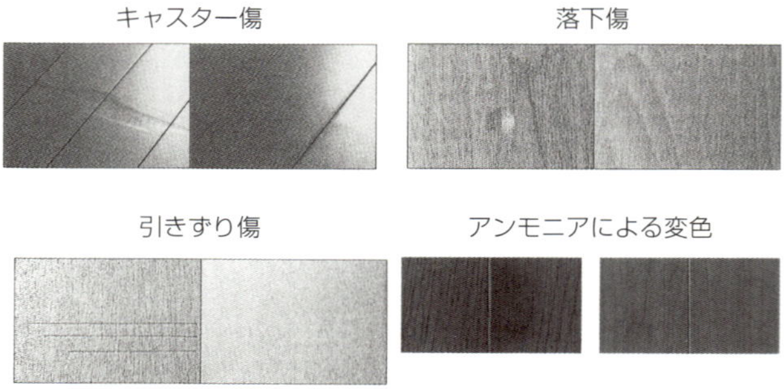

図30　さまざまな耐性のある床材の商品例

3.4 浴室の改修

浴室は改修する場合に、構造による制約が多い場所です。大掛かりな改修以外にも、いろいろな方法が考えられます。

①浴室の大掛かりな工事の場合

在来工法の浴室では面積の拡張は壁を壊さないとできませんので、大掛かりな工事になります。浴室の面積を変えないで浴槽を大きくしたり洗い場の面積を確保するには、浴槽を交換したり、バランス釜を壁貫通型にすることが考えられます。

浴槽の交換をする際は、高齢者にとって適した和洋折衷バスを考えます。

ブロック壁を壊して面積を拡張する場合や防水性能に確信が持てない場合は、新たに防水剤を塗布したり防水シートで覆う必要があります。マンションで防水が切れると水漏れの被害が広範囲に及び、損害賠償を請求されることもありますので慎重な対応が求められます。

②ユニットバスの交換

ユニットバスは3／4坪(1200×1600mm)のものが平均的ですが、シャワーキャリー使用や介助が必要になったときはスペースが確保できません。浴室の面積はそのままでユニットバスと壁との空間を少なくして、一回り大きいユニットバスに交換できる商品が出ています。例えば、1200×1600mmのユニットバスから1300×1700mmのものへ短辺、長辺共に100mmずつ拡張できますので

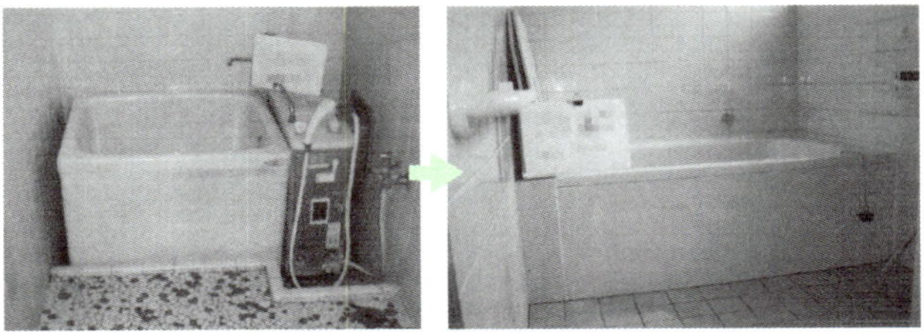

図31　バランス釜を壁貫通型に換えた例

背中と足先が浴槽壁面に届き、身体が倒れ込まない浴槽にします。
目安として、内寸950～1050×600×深さ500～550mm程度です。

図32　和洋折衷バス

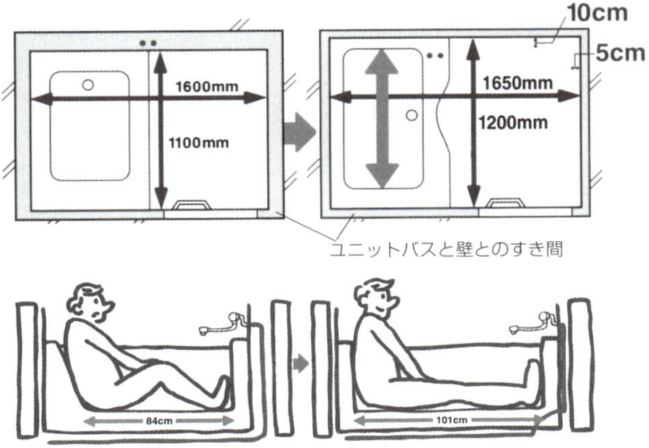

壁を取り除いて浴室面積を拡張できる場合は、1600mm×1600mm以上の大きいユニットバスが入れられます。できることなら、浴室面積は1600mm×1600mm以上確保しておきたいものです。

図33　一回り大きいユニットバスに交換できる商品例（TOTO）

専有部分の改修／浴室の改修

浴室の改修について

多少の余裕が生まれます。

ユニットバスには、低床タイプといって出入口部の段差を極力おさえた商品がありますので、段差のチェックもします。

③浴室出入口の段差

浴室の出入り口の段差をなくす場合は洗い場の床をかさ上げしてグレーチングを設けるか、段差解消ユニットバスを採用すれば脱衣室から段差なしで浴室に入れるようになります（介護保険対象、但し、ユニットバスの交換は段差解消部分のみ換算して対象になる）。

どうしても出入り口の段差を解消できない場合には、またぎ段差*は洗い場にすのこを敷き詰めるなどして上るか下りるかどちらかだけの単純段差にします。この時浴槽や水栓の高さが違ってきますので適切な高さになるように調整します（介護保険対象）。

＊またぎ段差とはマンションのユニットバスやベランダの出入り口に、構造や設備の関係からまたいで入るような造りになっているところを指します。

④浴槽に入る際のまたぎ段差解消

浴槽の出入りもまたぎ越しが適切なように、据え置き式の浴槽は埋め込み式の浅いものに取り替えたり、和式の深い浴槽は和洋折衷式の深さ500mm～550mm長さ1000mm～1200mmの浴槽に取り替えます。浴槽を取り替えられない場合は、洗い場と浴槽内に台やすのこを設置し

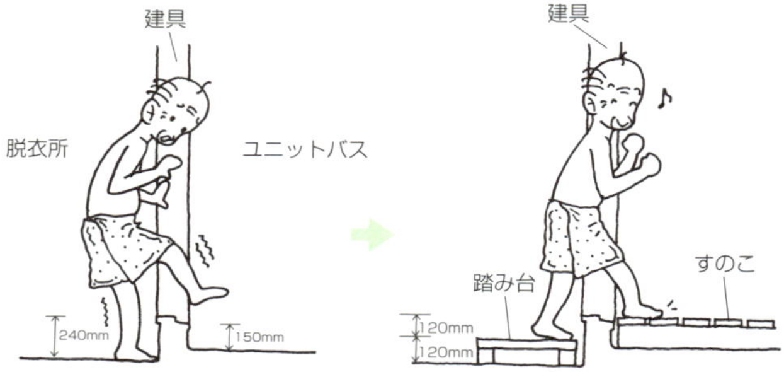

ユニットバスの出入り口は、構造や設備の関係でまたいで入るようなつくりのものが多くなっています。またぎ段差を解消するにはすのこや踏み台を利用して段差を低くする簡単な方法と、段差の出ないユニットバスに取り替える方法があります。ユニットバスの取替え工事は高額となるため、ここではまたぎ段差を低価格で解消する方法を取っています。

図 34　浴室出入口のまたぎ段差を解消

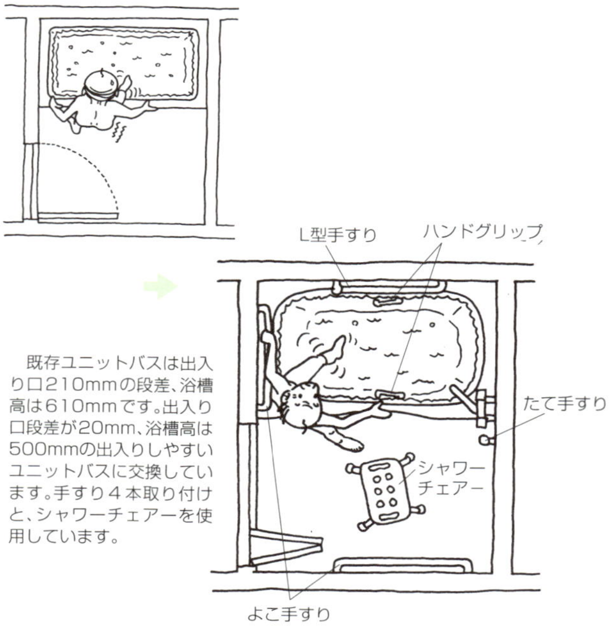

既存ユニットバスは出入り口210mmの段差、浴槽高は610mmです。出入り口段差が20mm、浴槽高は500mmの出入りしやすいユニットバスに交換しています。手すり４本取り付けと、シャワーチェアーを使用しています。

図 35　浴槽のまたぎ段差をユニットバスの交換で解消

専有部分の改修／浴室の改修

浴室の改修について

て洗い場と浴槽床の高さを調節します（介護保険対象）。

またいでの入浴が困難な場合は移乗台や浴槽台、リフトの設置といった福祉用具で対応します。

⑤入浴の際に便利な用具

浴槽に移乗台を設けたり、バスボードを使って腰掛けてから浴槽に出入りするようにすると、姿勢が安定し安全に動作が行えます（介護保険対象）。浴槽と洗い場の床段差が大きい場合はすのこを設けたり（介護保険対象）、浴槽を浅いものに交換することもよいでしょう。また、洗い場でシャワーチェアーを使用すると、自立でも介助が必要な場合でも安定して洗体でき、立ち座りの動作も楽にできます（介護保険対象）。

その際には洗い桶を使うかどうか、置き台は必要かどうか、水栓金具の高さなどを検討しましょう。（P75③参照）

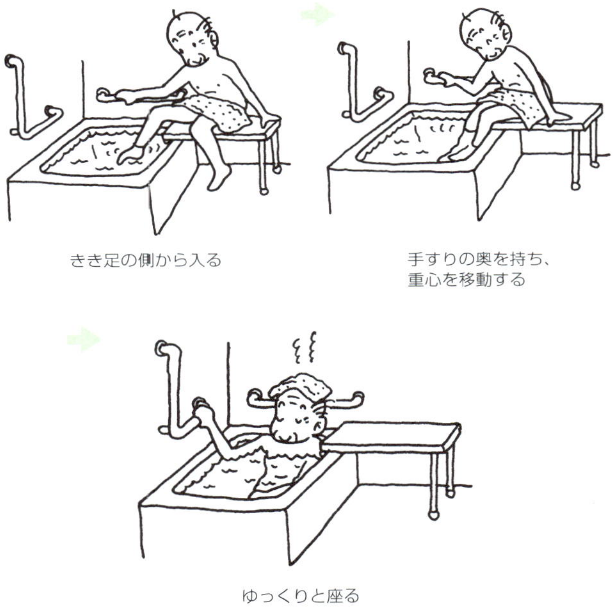

きき足の側から入る
手すりの奥を持ち、
重心を移動する
ゆっくりと座る

図36　移乗台、手すりの導入例

a－5≦b≦a＋10cm
シャワーチェアーの高さa
洗面器置台の高さb
吐水口高さc

図37　シャワーチェアー、洗面器置台の導入例

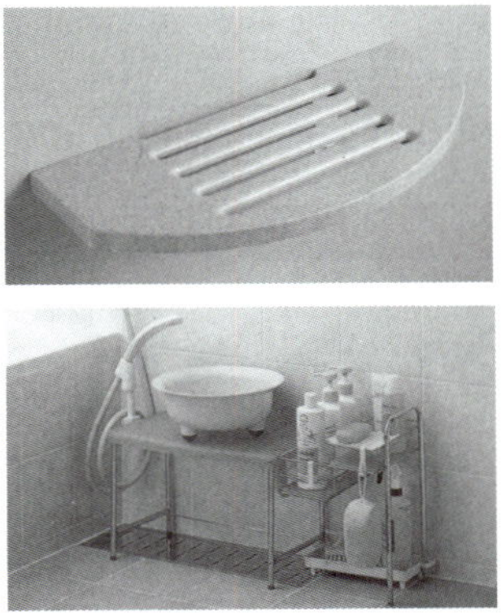

洗面器置き台、バスラックの商品例

専有部分の改修／浴室の改修

浴室の改修について

工事を伴わない福祉用具で対応した例

洗い場に踏み台を置き、浴槽内にも浴槽台を設置します。段に乗る、降りるという不安定な動作を伴うため、必ずしっかりつかまれる手すりを要所に設置します。

固定式リフトを使って浴槽に出入りするようにした例

浴槽への出入りのためにリフト設置と、シャワーチェアーでのアプローチのため、すのこで段差を解消しています。出入り口の段差をなくすため、木製折れ戸を特注して設置しました。

浴槽をなくしてシャワー浴のみにした例

浴槽を思い切ってなくし、シャワー浴のみにする場合もあります。腰掛けたまま体全体を一度にシャワーできる装置も販売されています。

入浴介助が困難なため、浴槽につかっての入浴をやめ、腰掛タイプのシャワー浴に変更しました。マンションの既存のユニットバスを低床のユニットバスに交換し、浴槽のスペースにシャワー浴の機器を設置しています。ユニットバスの床面の一部段差はすのこで解消、出入り口部は低床ユニットバスに交換しても50mmの段差が残ってしまうため、ミニスロープで対応しています。

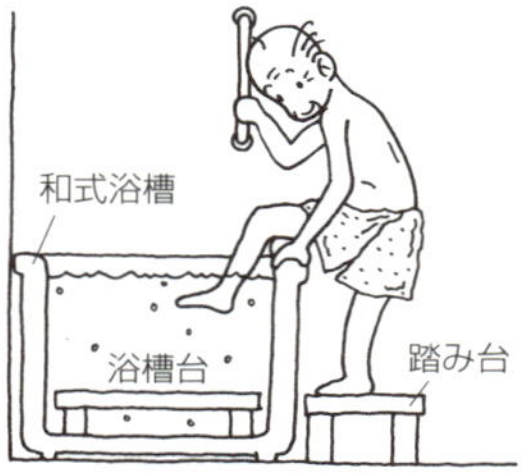

図38　工事を伴わない福祉用具で対応した例

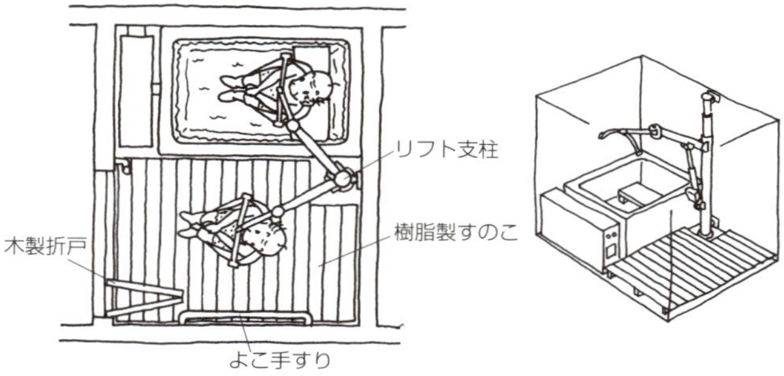

図39　固定式リフトを使って浴槽に出入りするようにした例

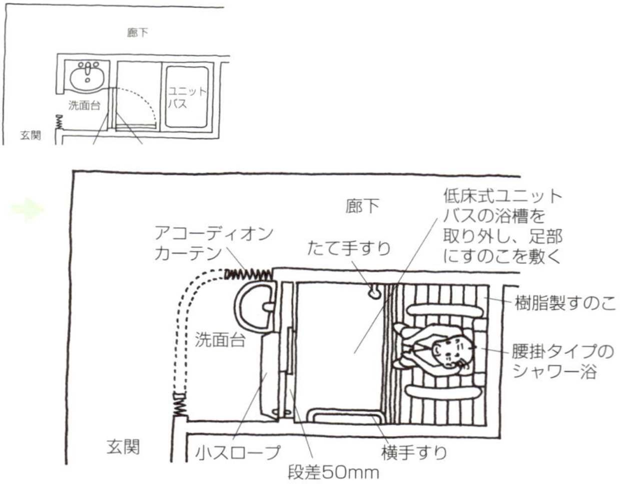

図40　浴槽をなくしてシャワー浴のみにした例

専有部分の改修／浴室の改修

改修事例 H〈浴室の改修〉 すのこを敷設した事例

浴室の改修

［状況とニーズ］
■住居：分譲マンション　6階
■本人の身体状況等：80歳女性　要介護認定3　転倒による右股関節脱臼により人工骨を入れる手術後、退院したばかり。歩行器使用で自宅でリハビリを兼ねて移動を行っているが、左膝にも痛みがある。
■同居家族：独居
■ニーズ：室内での転倒により脱臼してしまったため、歩行への恐怖心がある。また、トイレ、浴室等水周りの段差が多く、解消を希望している。

改修後

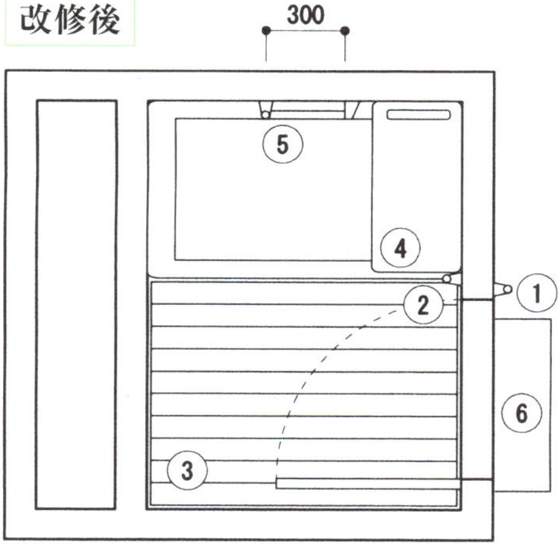

【脱衣所・浴室】
脱衣所･浴室間に165mmの段差があり、浴室へも115mmの段差があり、さらに洗い場から浴槽縁までの高さも560mmあり、人工骨を入れているために無理な動作をとれず、現状では浴槽に入れません。
まず浴室入り口にはタテ手すりを取り付け、脱衣室との段差解消のため、82.5mmの踏み台を設置し段差を2分割した。

① 縦　手すり
長さ400㎜　径32㎜
樹脂製　補強板取付
② 縦　手すり
長さ400㎜　径32㎜
樹脂製
③ スノコ
850㎜×1100㎜×110㎜　樹脂製
④ バスボード
(ヘッドレスト付)
340㎜×710㎜×13㎜
ポリエチレン製
⑤ L型　手すり
縦500㎜×横300㎜
径32㎜
樹脂製
⑥ 踏み台
H 82.5㎜

【浴室の床】
浴室の床をすのこでかさ上げし、出入り口の段差を単純段差にした。これにより浴槽縁までは445mmとなりバスボードの設置で腰掛けて入浴できるようにした。入浴後はバスボードが邪魔になってしまうため、開閉式でヘッドレスト付きの物とした。

【改修後】
今まではヘルパーの介助で入浴していたが、一人でも入浴できるようになった。ただしまだ不安があるため、ヘルパーがいるときに入浴を試みている。室内移動も歩行器を使わなくなり、手すりで移動することができるようになり、歩行への恐怖からヘルパー介助に依存する傾向があったが、改修により精神的に自立できるようになった。

工事費用：約12万円

専有部分の改修／浴室の改修

改修事例Ⅰ〈浴室の改修〉　洗い場床をかさ上げした事例

浴室の改修

［状況とニーズ］

■住居：分譲マンション　6階

■本人の身体状況等：70歳女性　要介護認定1　転倒による膝骨折。退院後、日常生活に支障をきたすほどの後遺症は残らず、階段程度の段差はつかまって上り下りできるが、浴槽のまたぎ越しができなくなった。

■同居家族：独居

■ニーズ：従前のように自宅で、入浴できるようになりたい、という強い要望があった。

【浴室の床】

築10数年のマンションで在来工法の浴室。既存の浴槽が埋め込んであったため、防水層が壊れることを懸念し既存の床タイルをはがしての浅型浴槽への交換は断念した。代替案として、出入り口の段差分だけ洗い場の床をかさ上げすることで浴槽の高さを低くすることにしました。独居で、日常の掃除等を自分で行っているため、手入れのかかるすのこではなく、タイル貼りの仕上げとした。

改修後

【入浴台を設置】

床をかさ上げしても、浴槽の高さは530mmと高く、足を上げるのは困難なため、浴槽脇のデッドスペースを利用して、オーダーの移乗台を設置、腰掛けての出入り方法を提案した。移乗台は下部に棚を設けて収納スペースも確保。移乗台から浴槽内へ下りるときには、身体を支える手すりを取り付け。

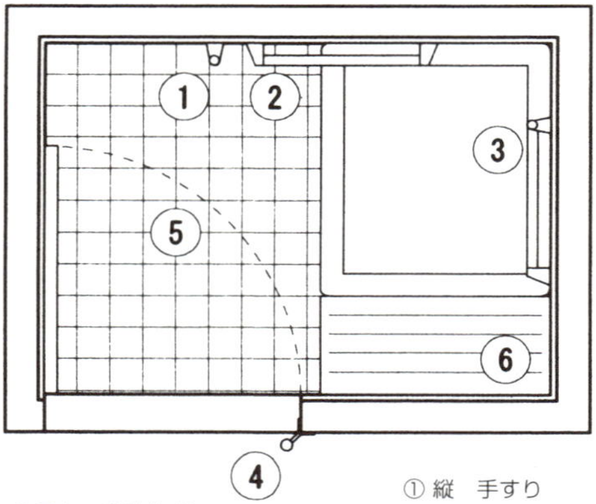

【手すりの設置】

後遺症がなくなってきたら以前のようにまたいでも入れるようにと、またぎのための手すりも設置。

【改修後】

事故後、浴槽にまたいで入るという動作ができなくなったことで、より入浴したいという気持ちが増大しており、不安もあったが、移乗台にいったん腰を下ろして入る方法で入浴できることが分かり、安心感も増した。手すりを設置したことで、また以前のようにまたいでも入れるという希望を持てるようになった。

① 縦　手すり
　長さ800㎜　径30㎜　樹脂製
　設置高さ床上400㎜（下端）

② 横　手すり
　長さ500㎜　径30㎜　樹脂製
　設置高さ浴槽天端＋330㎜（上端）

③ L型　手すり
　縦400㎜×横500㎜　径30㎜　樹脂製
　設置高さ浴槽天端＋150㎜（上端）

④ 縦　手すり
　長さ400㎜　径32㎜　木製
　設置高さ床上900㎜（上端）

⑤ 床　かさ上げ　H=100㎜　タイル仕上げ

⑥ 移乗台設置

工事費用：約16万円

改修事例 J〈浴室の改修〉 車いすからの移乗で入浴可能な浴室にした事例

浴室の改修

［状況とニーズ］

■住居：分譲マンション1階　建設時にバリアフリー設計されており、室内外とも段差がほとんどない。玄関も段差解消機を設置済み。

■本人の身体状況等：30歳女性　病気により18歳の頃下半身麻痺となり車いす生活になった。日常生活動作はすべて自立。

■同居家族：夫、子供一人

■ニーズ：入浴の際、車いすから洗い場、洗い場から浴槽への移乗が困難。移乗にはシャワーチェアーを使用しているが、場所をとるため洗い場が狭くなり、子供との入浴ができないのでいっしょに入れるようにしたいという希望。

【移乗台の設置】

洗い場に浴槽縁と同じ高さの移乗台を置き、洗い場全体の床の高さを上げることで移乗をスムーズにできるようにした。浴室出入り口部の移乗台は車いすの前輪が下に入るように作成し、座面をより移乗台に近づけるようにしている。移乗台の上で身体を洗ったりすることから、湯水が大量に流れるため、浴室入り口部は300mmの隙間を空けた。台には転落防止の柵を設けている。出入り口から出し入れできるようにすのこは2分割している。設置にあたり、水栓が移乗台の下になってしまうため、壁面を露出配管で水栓の高さを上げている。

改修後

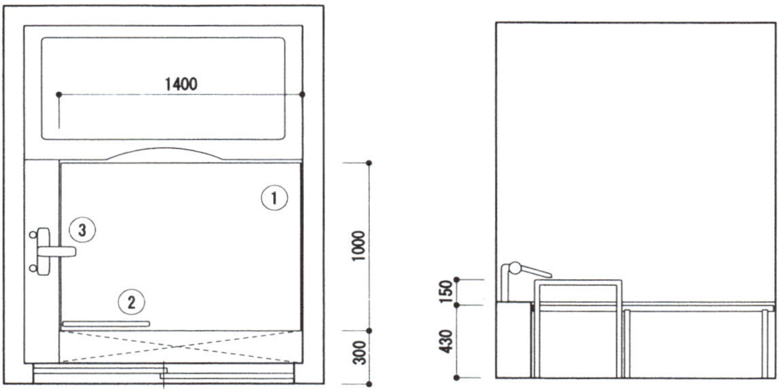

① 移乗台　W1400㎜×D1000㎜×H430㎜
② 横　手すり　H=580㎜　樹脂製
③ 水栓金具移設

工事費用：約15万円

【改修後】

浴槽への移乗が楽にできるようになり、子供といっしょに入浴できるようになった。

改修事例 K〈浴室の改修〉 福祉用具の活用で入浴を可能とした事例

浴室の改修

［状況とニーズ］

■住居：分譲マンション　1階

■本人の身体状況等：60歳代、男性。要介護認定2　脳梗塞による軽度の右麻痺。屋内は伝い歩き、日常生活動作は自立しているが、入浴は危険という不安感から妻の介助でシャワー浴をしている。

■同居家族：妻　60歳代

■ニーズ：当初トランスファーボードを使用して浴槽に入る方法を入院中に病院のPTから指示を受けた。ボードの購入、手すりの設置を行い、退院後に試みたが、浴槽内、立ちしゃがみのときの本人と介助者の不安感が大きく入浴ができず、シャワー浴になっていまった。4ヵ月後、寒い時期に向かい、浴槽に入っての入浴を強く希望された。

【福祉用具】
バスリフトの導入。レンタルにあたり、自宅に機器を持ち込み、本人と妻に体験してもらった。お湯を張った状態ではないが、リフトの座面に腰掛けるだけで浴槽に入れるということで安心して使えるという確認を得た。

【トランスファーボード】
トランスファーボードを使用しての入浴の際に必要な手すり２本が設置されていましたが、バスリフトに変えたため、適切な位置に移設した。

改修後

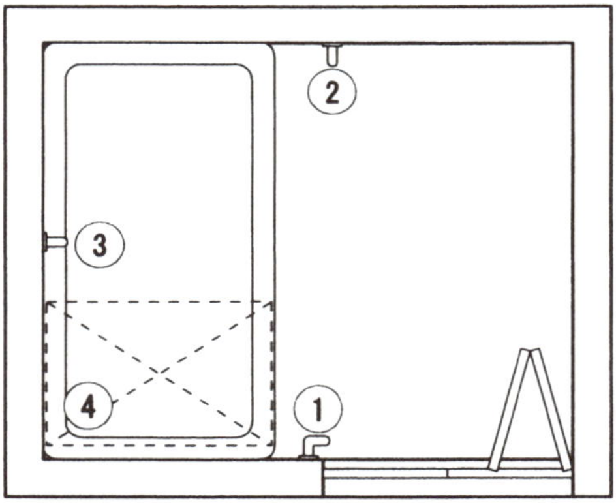

① 縦　手すり（オフセット）
　長さ400㎜　径32㎜　樹脂製
② 縦　手すり
　長さ700㎜　径32㎜　樹脂製
③ 縦　手すり
　長さ600㎜　径32㎜　樹脂製
④ バスリフト（レンタル）

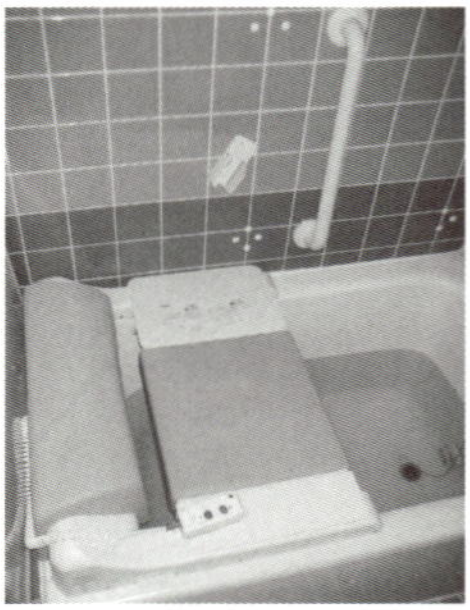

【導入後】
本人の入浴の不安感と妻の介助者としての不安感が共に解消され、楽に浴槽に入れるようになって満足を得ている。妻の介助も洗体時だけとなり、浴槽出入りは見守りのみ。今後は徐々に入院前の生活に戻れるのではないかという期待が持てるようになった。

概算費用：
約４万円

3.5 トイレの改修

トイレは広さによって、介助が必要になったり、車いすを使用する場合に拡張が必要になります。隣接する洗面所や廊下と一体化する等の方法が考えられます。

①トイレの改修

トイレは800×1200mm程度の広さが多く、介助が必要になった場合や車いすを使用する場合には拡張が必要になります。例えば、隣接する洗面所とトイレを一体化するプランや、廊下を取り込む等の方法が考えられます。

改修前

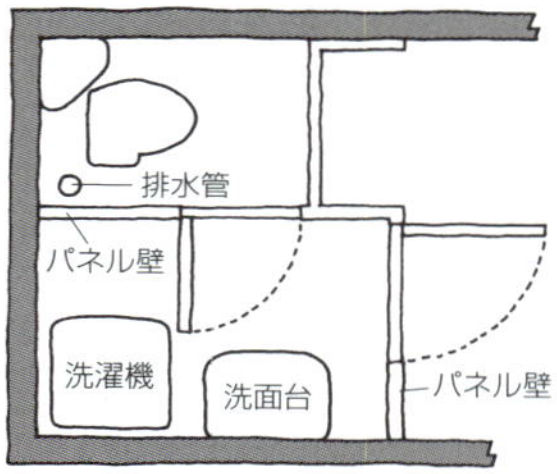

改修後

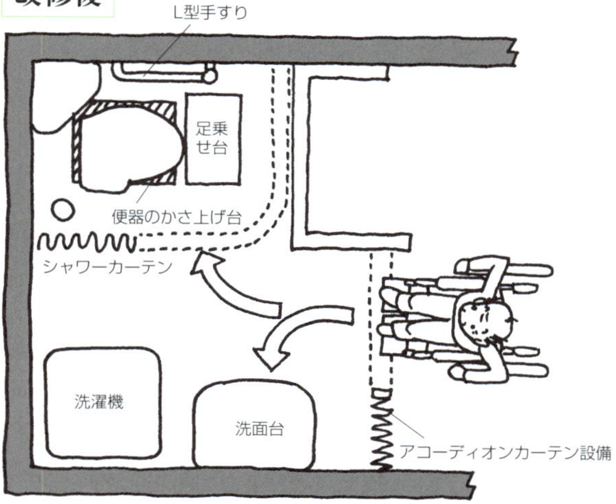

車いすでアプローチするため、間仕切りパネル、ドアを撤去し、シャワーカーテン、アコーディオンドアを設置しています。車いすから便器に横ずれで移乗しやすくするため、便器の下に台を設置し、車いすの座面の高さに便器の高さをそろえています。同居者のためには足乗せ台を用意しています。

図41　隣接する洗面所とトイレを一体化した事例

専有部分の改修／トイレの改修

トイレの改修について

②トイレの出入口の建具

出入口の建具は内開きであれば、外開きに換えます。緊急時の救出のしやすさ、狭いトイレ内をドアの開閉にスペースをとられないためです。開口幅を十分に確保するには３枚引戸で対応することもあります。

寝室に隣接してトイレがある場合には、間仕切り壁をとって開口部にすれば直接寝室から出入りでき、夜間は便利です。

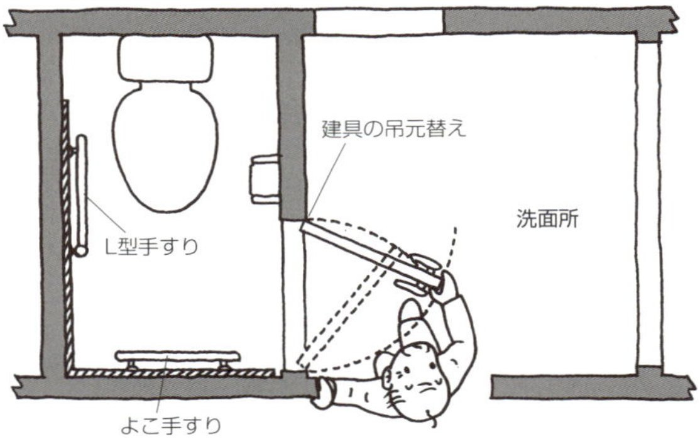

図42　トイレの扉の吊り元交換した例

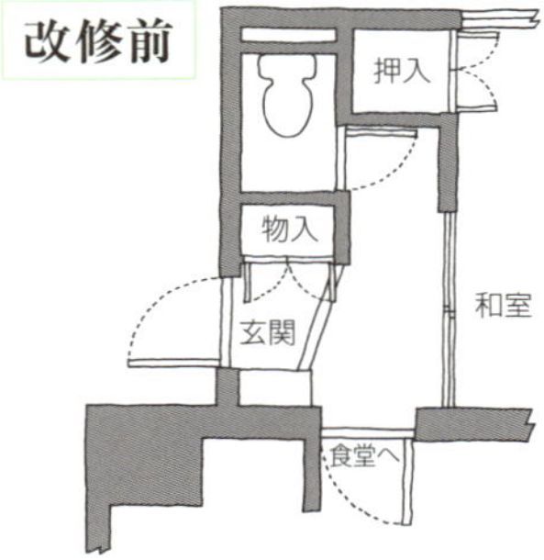

改修前はトイレが狭く、車いすで便器まで近づくことができませんでした。トイレに隣接する玄関の物入れと廊下の一部を取り込み、かろうじて車いす使用できるスペースを確保しました。トイレのドアは車いすで出入りしやすいように、2枚引き戸にしました。

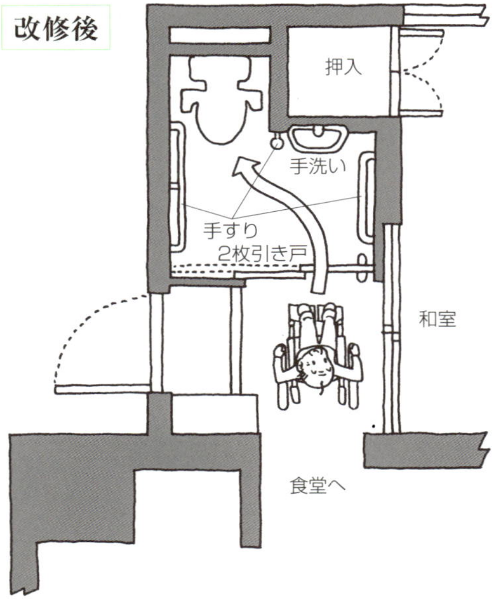

図43　廊下を取り込んでトイレを拡げた事例

専有部分の改修／トイレの改修

トイレの改修について

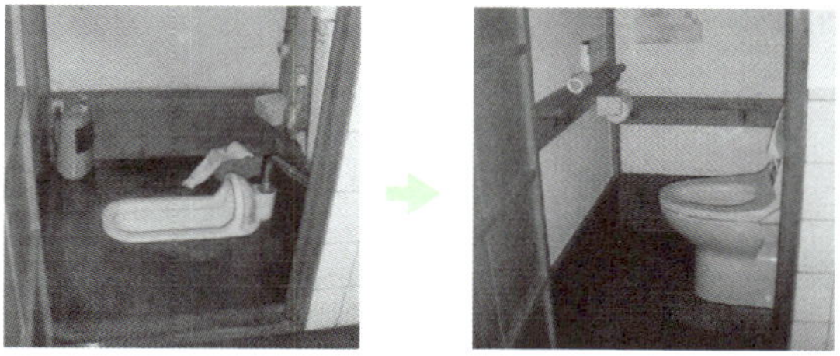

図44　和便器を洋便器に取り換えた例

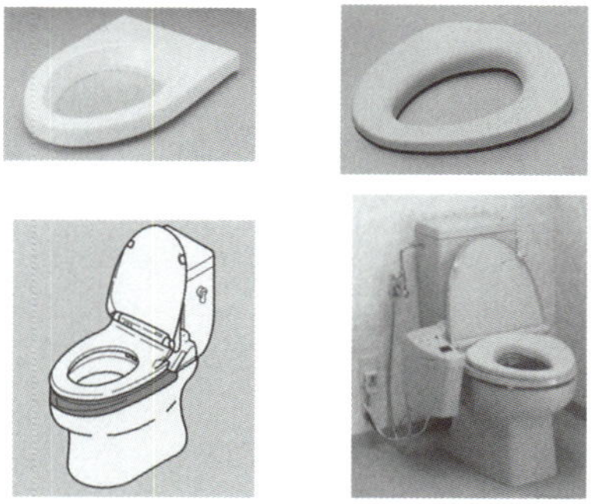

補高便座

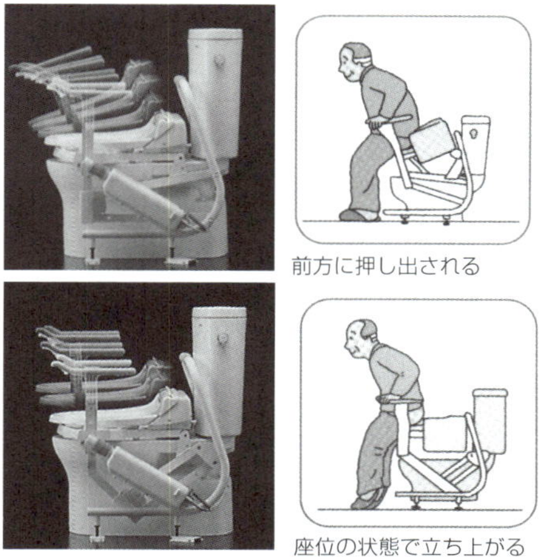

前方に押し出される
座位の状態で立ち上がる

昇降式便座

図45　トイレの福祉用具の商品例

③洋式便器に取り替える

和式便器は立ちしゃがみが困難になってくるので、洋式便器に取り替える時に洗浄機能付き便座に取り替えることも介護保険で認められています。和式便器のほうが慣れていて排泄がしやすい場合、認知障害がありトイレであることが認識しやすい等の理由があれば逆に洋式便器から和式便器へ取り替えることも可能です（介護保険対象）。

また便器の移動は汚水管からの勾配が取れる範囲に限られますが、向きを変えることはスペースに余裕があれば容易に行えます。

男性で小便器に慣れている高齢者は意外に多いので、スペースと配管が確保できれば専用の小便器を設けるとよいでしょう。

④トイレの福祉用具

便座からの立ち上がりが困難な場合は補高便座や昇降式便座を福祉用具として購入できます。（介護保険対象）

改修事例 L〈トイレの改修〉 トイレ洗面所をワンルームにした事例

トイレの改修

［状況とニーズ］
■住居：分譲マンションの1階
■本人の身体状況等：40歳代女性　慢性関節リウマチ　要介護認定4
■同居家族：夫40歳代　子供一人
■ニーズ：屋内は浴室以外段差のない状態で整備されているが、限られたスペースにおいて、本人の能力を活かし、できる限り自立した生活を送って行きたいという強い願いから、改修を希望された。特にトイレでの排泄の自立が求められた。

【照明】
照明スイッチ、コンセントも使用しやすい床上1000mmに移設した。

【便器】
便器は壁面からの出幅の少ない新しいタイプの便器を導入し、便器の前面にゆとりを取った。便器の高さは、車いす座面と同じ470mmの高さを得るために、便器の下部に50mmの木製の台をかませている。便器の前面壁には、前腕で身体を支えるための台を設置し、移乗の際に活用している。家族のトイレ使用時には邪魔になるため、折りたたみの金具を使用した。取り付けのための下地補強は、室内2面は壁より900mmまで、1面は床より1800mmを15mmの合板で補強した上にクロス張りを行い、将来の手すり追加に備えている。

改修後

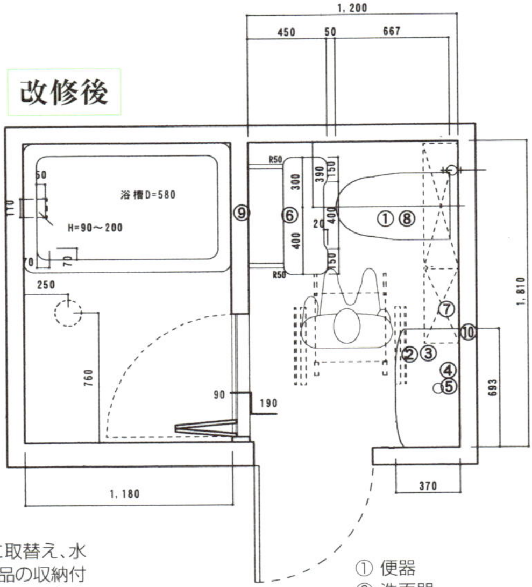

① 便器
② 洗面器
③ 水栓
④ 鏡
⑤ 照明
⑥ 特注手すり
⑦ 棚板＋ダボレール
⑧ 便座嵩上げ
⑨ 手すり取り付け下地補強
⑩ 洗面器･棚板取り付け下地補強

【洗面台】
洗面台は、車いすで使用可能な洗面器に取替え、水栓金具はオート式とした。化粧鏡は既製品の収納付は手が届かないため、鏡は洗面器上端から床上1700mmまでとし、小物の棚を左側に4段設置、下部は本人用、上部は家族用とした。

【間仕切り壁】
トイレと洗面所の境の間仕切り壁と建具を撤去し、ワンルームとし、車いすでの利用を可能とした。改修前は洗面所の入り口はオープンであったが、建具を新設してプライバシーを確保した。

【改修後】
洗面、排泄行為は完全に自立し、マンションの限られたスペースも有効に使用できるようになった。

工事費用：約84万円

専有部分の改修／トイレの改修

改修事例 M〈トイレの改修〉 賃貸マンションでの車いす使用者の水周り改修事例

トイレの改修

［状況とニーズ］

■住居：賃貸マンション3階

■本人の身体状況等：20代の男性　脊椎損傷(腰椎損傷)による下肢麻痺。車いす使用。

■同居家族：独居

■ニーズ：転勤の多い勤務のため賃貸マンションに入居しているが、退去時のことを考え、撤去及び原状回復が簡単にできる事が求められた。また、来客等も使用可能である必要もある。

改修前

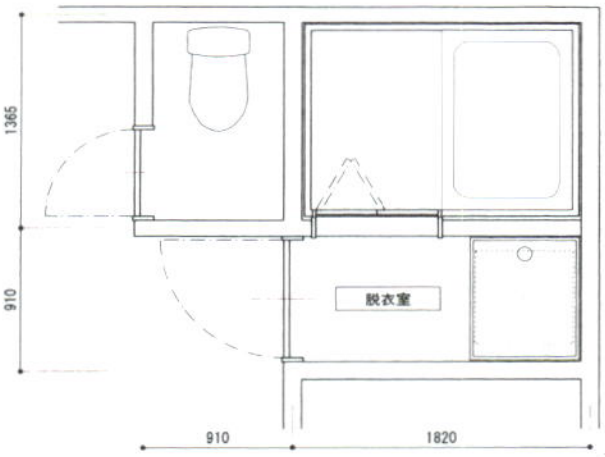

【浴室】
脱衣場まで車いすで移動、洗い場に移乗するにあたり、車いす高さまで床をかさ上げする必要があった。床は、すのこで対応し、防水も考え、既存ドア撤去(保管)後、新規ドアを洗い場高さまで切り詰め、上枠・立て枠は既存を利用し、下枠のみ新規に取付けている。そして、ドア下は防水パネルをはめ込んだ枠を組み、ドアの既存木枠へ取付けている。

【トイレ】
床・壁等へ釘金物類を使わず、箱を組み立て、便器の高さに合わせた移乗台を作成した。車いすでトイレ前までアプローチし、移乗台へ移乗して使用する。来客は、移乗台の一部を跳ね上げて使用できるよう考えてある。

改修後

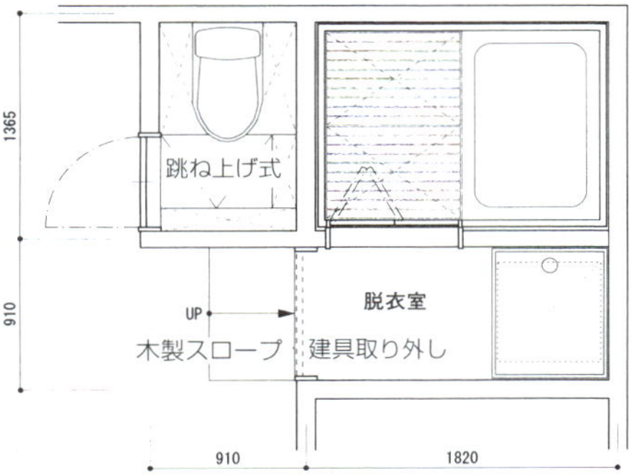

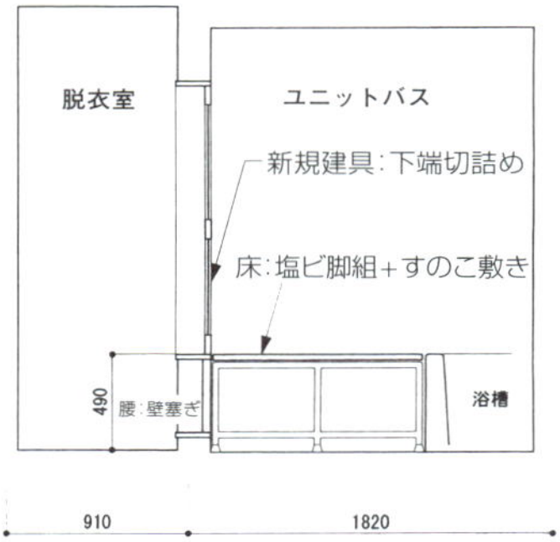

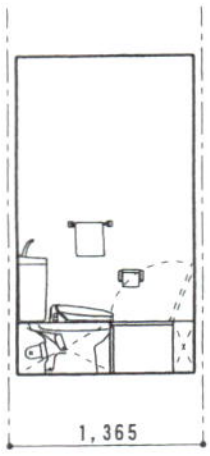

【改修後】
車いす使用で自立生活を送れるようになり、なおかつこのような改修になり退去時には原状回復も可能。また費用をおさえることができた。

工事費用：約19万円

専有部分の改修／トイレの改修

改修事例 N〈トイレの改修〉 洋式便器の向きを変えた事例

トイレの改修

[状況とニーズ]
■住居：築25年分譲マンション3階
■本人の身体状況等：90歳女性 軽度のパーキンソン症候群。日常生活動作が不安定。介助、見守りが必要。
■同居家族：息子夫婦(60歳代)
■ニーズ：入浴や排泄の介助を少しでも楽に、また安全にできないかという希望があった。

改修前

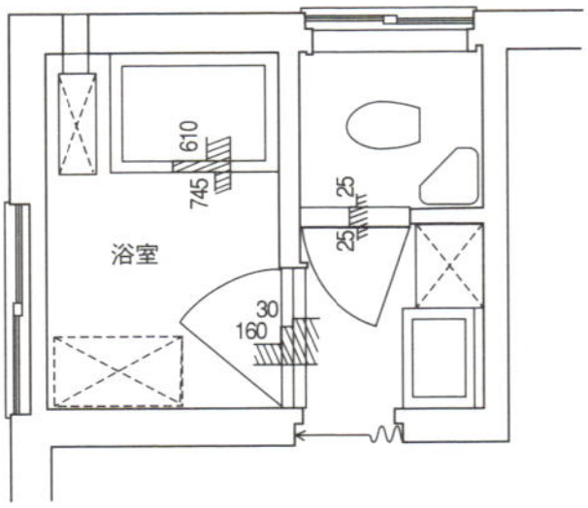

改修後

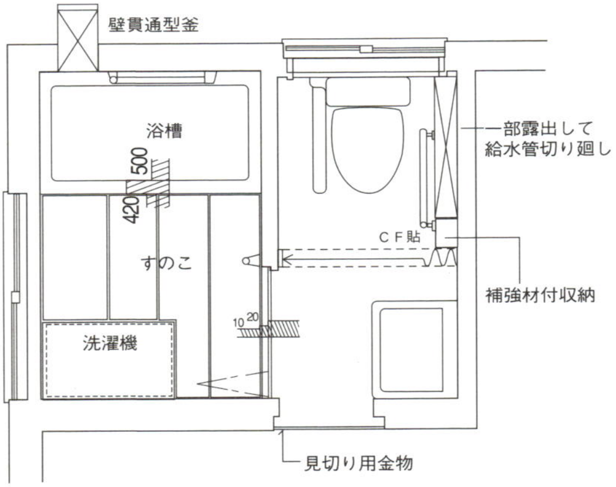

【浴室】
まず浴室は、浴槽縁まで750mmの非常に高い据え置式浴槽で苦労していた。出入口にも200mmの段差があり、入浴動作がしにくい状態だった。そこで、風呂釜を壁貫通型の釜に変え外部に出す事により、浴槽を広くて浅い深さ500mmの和洋折衷式浴槽に交換し(外側高さは450mm)出入口段差を解消するため、洗い場にすのこを設置した。又、入口開き扉が既存の洗濯機にあたって90度開けることができず、狭くなっていたので、出入口扉は中折れ戸に取り替え、動作を安定させるため手すりも取付けた。新たに設置したシャワー水栓は介助がしやすいように手元操作ができるクリックシャワータイプにした。

【トイレ】
トイレは外開き扉が洗面台にあたって十分に開けることができず開口部が狭くなっていた。内部も狭く、便器の向きが横向きに設置されているため腰掛ける動作が困難で介助もできない状態だった。そこで開き扉と小壁を撤去し、トイレ内スペースを広げてアコーディオンカーテンを取付け、既存の便器の排水芯を動かさずに取付けできるリモデルタイプの便器を使い便器の向きを変えた。便器に向かって右の手すりは壁に直接取付けると便器から遠くなりすぎる為、トイレットペーパーの収納を厚み100mmで作り、そこに手すり下地を付けて手すりを取付けた。又、便器に跳ね上げタイプの手すりをセットで組み込み、座った時のふらつき防止と移乗動作の際の補助にした。

【改修後】
本人は一人でトイレに行くようになり、入浴時の介助もし易くなったので、家族の負担も軽減した。

工事費用：
約117万円

3.6 洗面所の改修

洗面所は脱衣所を兼ねることが多く、行われる動作も複雑になります。一坪程度の適切なスペースを確保したいところです。

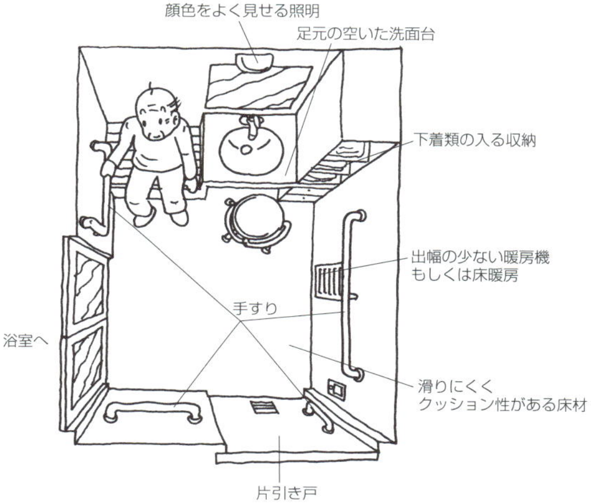

図46　洗面・脱衣室の例

図47　脱衣動作とベンチの設置例

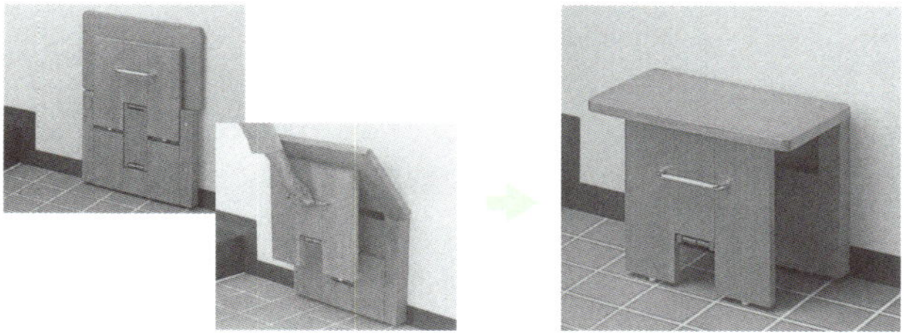

図48　折りたためるベンチの商品例

①車いすで洗面所を使う

洗面動作を座位で行う場合は洗面器の高さ調節や、膝入れスペースを設けます。車いすで使用する場合は専用の洗面器も商品化されています。この場合は鏡や収納の位置と照明にも注意します。また、洗髪シャワー水栓の付いている洗面器を選ぶと体調の悪いときや、入浴時以外に洗髪ができて便利です。

車いす使用者が洗濯をする場合は、洗濯物の置き場や洗濯機の中身が取り出せるかどうかをチェックします。

②洗面所でのベンチの設置

車いすからの移乗や脱衣に座位をとる場合は適切な高さのベンチを設置します。安定した姿勢で動作を行うことで、ふらつきなどによる転倒を防ぐことができます。置いておくスペースのない場合には、壁付、折りたたみ式のベンチも市販されていますので、考えてみましょう。

3.7 キッチンの改修

キッチンでは火の元などの危険が伴うので、使用するひとの使いやすさを第一に考えます。設備機器はショールームなどで実際に使ってみることをお勧めします。

①キッチンの改修

高齢になるとキッチンでの立ちっぱなしの調理作業は疲れるので、座って作業ができるようにシンク下に膝入れスペースがあると楽です。調理する人に合わせて電動や手動で調理台が上下する商品もあります。また、車いす使用者に対応したシンクで浅く、膝入れスペースがあるものやレンジ台が一段低くなったもの、換気扇の操作を手元で行えるものなどがあります。

火の始末が不安なときは電磁調理器など火災の危険がないものを選びます。

調理器具や収納棚は座位で手の届く範囲に収めるか、昇降機能付き棚やキャスター付きワゴンなどを活用します。

以上のように商品としては、さまざまな機能が付加されていますので、まずはじめに高齢になってどこまで調理をするのかを決めて、作業内容によってコンパクトに動作しやすいキッチンを考えるようにしましょう。

図49　膝入れスペースを確保したシンクの例

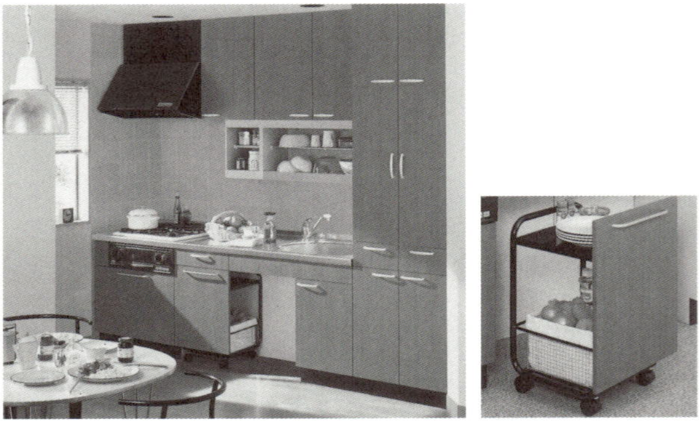

図50　高齢化対応型キッチンセットの商品例

専有部分の改修／キッチンの改修

キッチンの改修について

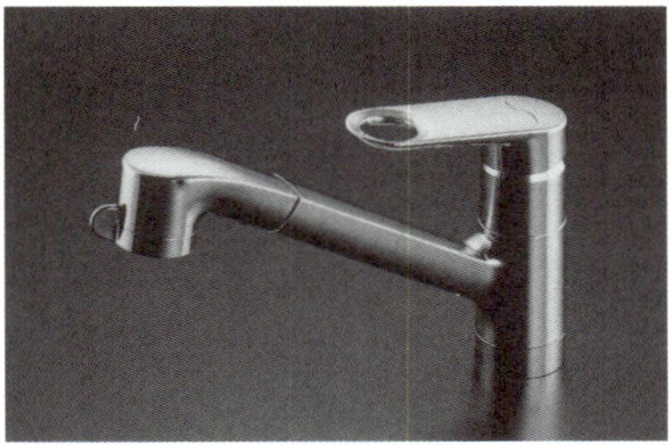

図51　シングルレバー混合水栓の商品例

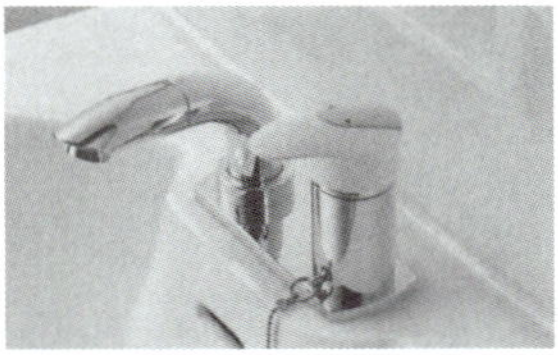

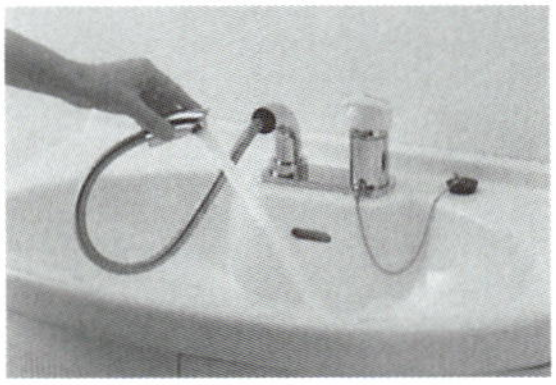

配管工事が不要なので、簡単に2ハンドルからシングルレバーに取り替えられます。吐水口の先端を引き出して使えるホース付タイプです。

図52　取替え用シングルレバー混合水栓の商品例

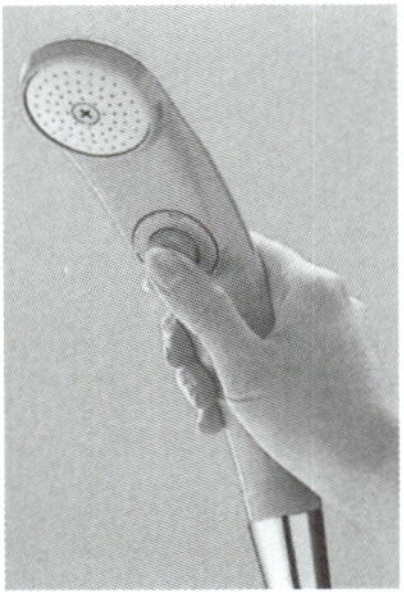

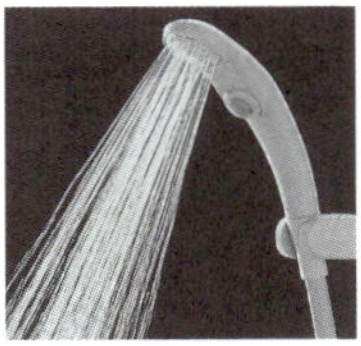

シャワーヘッドの手元で吐水･止水操作ができ、節水効果もあります。

図53　手元吐水・止水のシャワー水栓の商品例

②水栓金具

水栓金具はひねるよりも上下左右に動かしたり、手の甲で押したりできるレバーハンドル型のシングルレバー混合水栓がよいでしょう。いす座や車いす使用者であってもレバーハンドルに手が届くかどうかのチェックをします。吐水口に手が届かないということもありますので、使用する人の状況によって水栓金具を選択する必要があります。また、手元に水洗金具を設置できる洗面器もあります。手が届かない場合には水栓の取り付け位置も検討します。手元で吐水･止水ができるシャワーヘッドや、オートマチック水栓、吐水口の位置が高く手前に来るグースネック型水栓もあります。また、フットスイッチは、既存の水栓に付けることで足を使って、吐水･止水ができます。どのタイプが適しているかショウルームなどでよく検討してみましょう。

専有部分の改修／キッチンの改修

キッチンの改修について

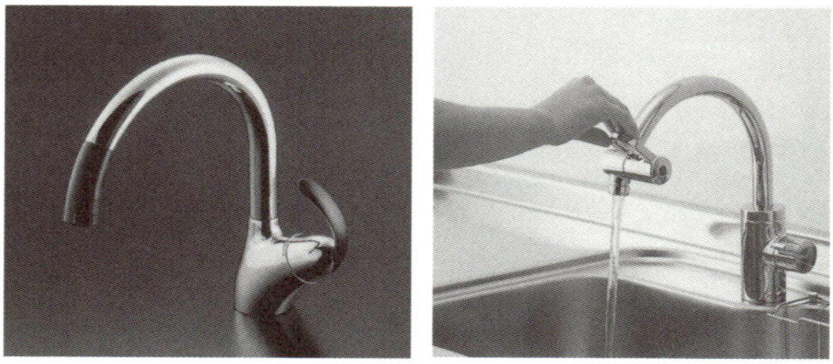

吐水口の位置が高く、手前にあるので手が届きやすい上に、花瓶に水を汲むときなどに便利です。右は吐口先端に開閉ハンドルがついたタイプ。

図 54　グースネック型水栓の商品例

手を差し出すことでセンサーが働き、自動的に吐水・止水ができ、節水効果も大きい水栓です。

オートマチック水栓に、指や手で押すことで吐水・止水がでる機能が付いた水栓。

図 55　オートマチック水栓の商品例

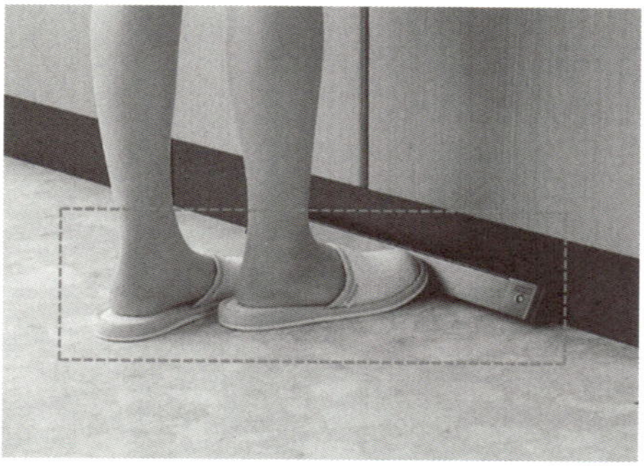

足先で蹴ることにより、吐水・止水ができるので、両手が空き調理のときに便利です。後付けもできますが、水栓の種類によりますのでメーカーに問い合わせましょう。

図 56　フットスイッチ付水栓の商品例

3.8 工事不要の福祉用具で対応する方法

工事を必要とせずにバリアフリー改修を行うこともできます。各社から様々な製品が販売されていますので、カタログなどで仕様を検討することができます。

図57　簡易スロープの商品例

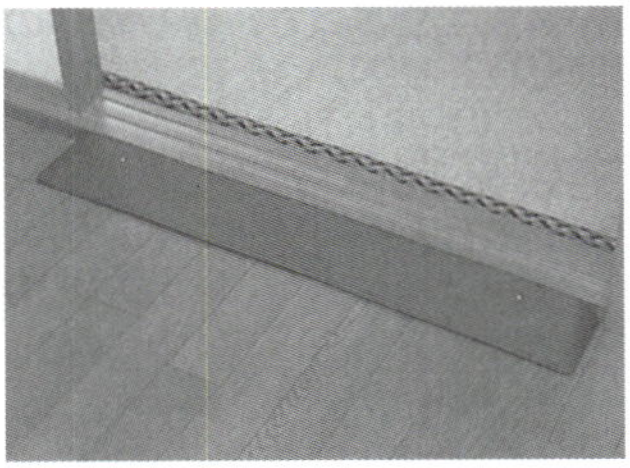

図58　屋内用ミニスロープの商品例

図59　浴室用すのこの商品例

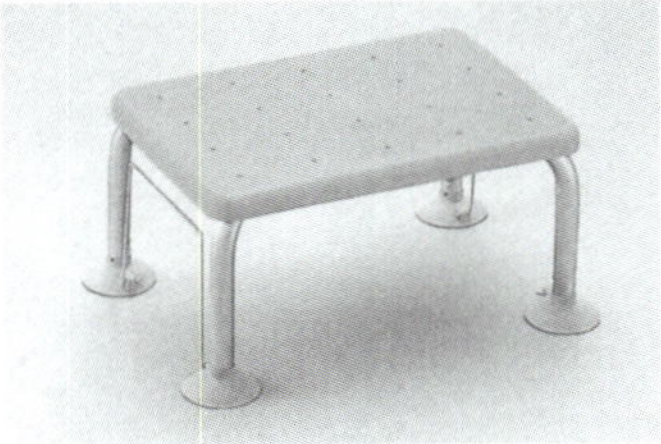

図60　浴槽台の商品例

①簡易スロープの利用

外廊下と玄関の段差や玄関扉の沓摺り段差、テラス、専用庭と室内の段差は共用部分と関係しますので改修はできません。外廊下と玄関床との段差解消のために簡易スロープ（取り外し式）を使って車いす移動をすることもあります。外出の都度、置いたり取り外したりしますので、簡易スロープの置き場や持ち運びしやすい形、重量などに配慮する必要があります。

②ベランダ

ベランダは共用部分なので改修はできませんが、ベランダにすのこを敷いたり、撤去可能な床材を敷設して室内との段差を解消します（介護保険対象）。サッシからの雨の吹き込みやすのこを伝って水が室内に入ってこないように水勾配に注意します。掃き出し窓の室内側、ベランダ側両方に段差があるまたぎ段差の場合は同じようにすのこで単純段差にするか、スロープで段差解消します（介護保険対象）。

③浴室

浴室で利用する福祉用具には、すのこ、浴槽台、バスボード、シャワーチェアー、移乗台やバスリフトがあります。浴室の改修が困難な場合でも、これらの福祉用具を使用することにより、入浴動作の安定がはかられます。

工事不要の福祉用具

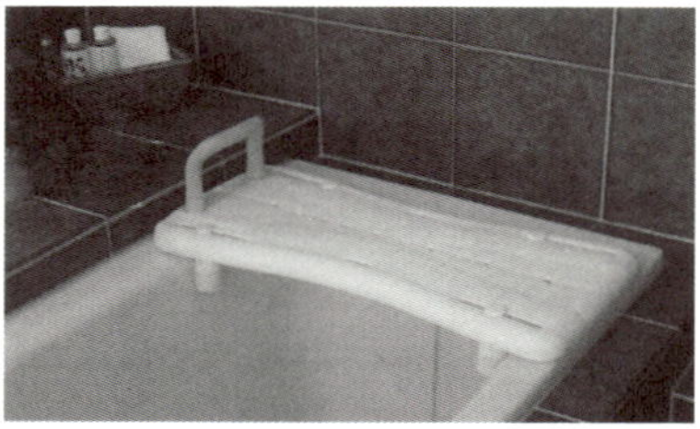

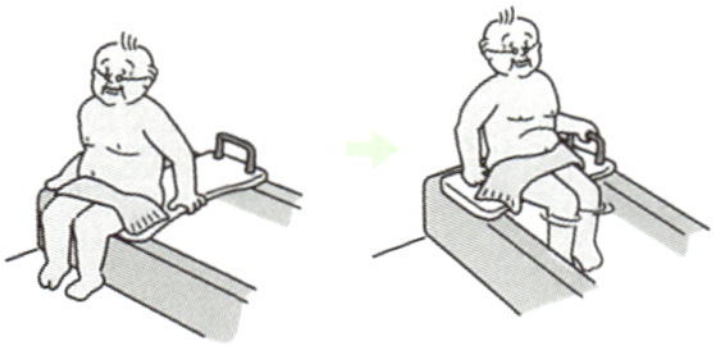

図61　バスボードの商品例

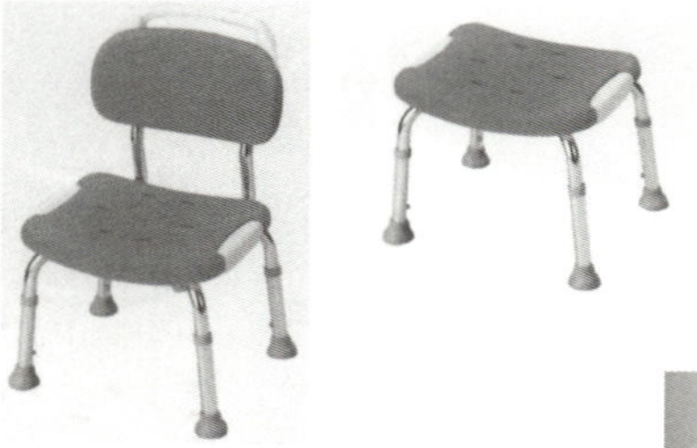

図62　シャワーチェアの商品例

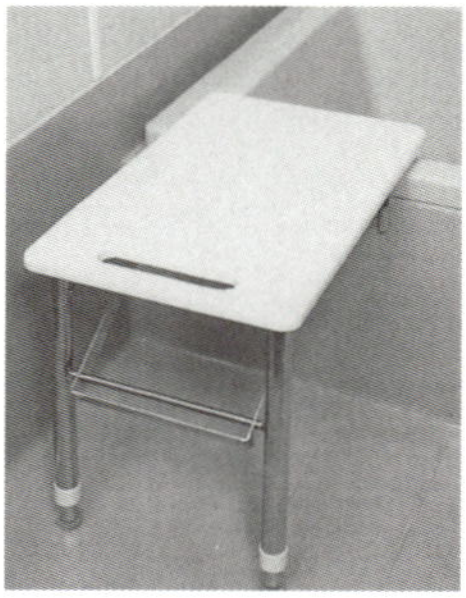

図63　移乗台の商品例

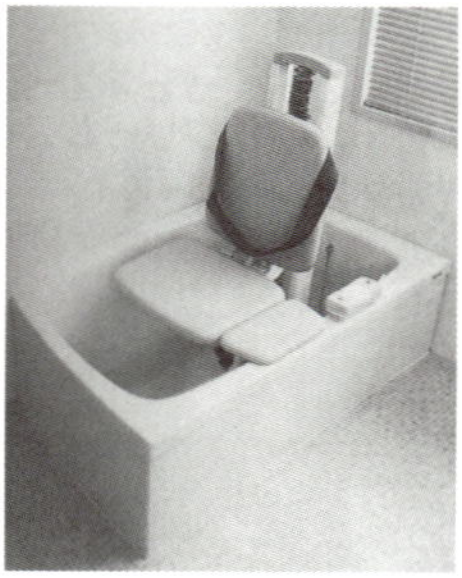

横図

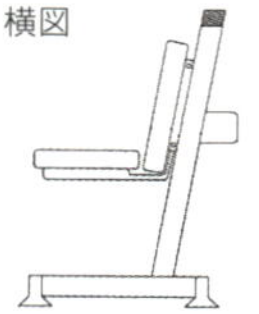

図64　折りたたみ式バスリフトの商品例

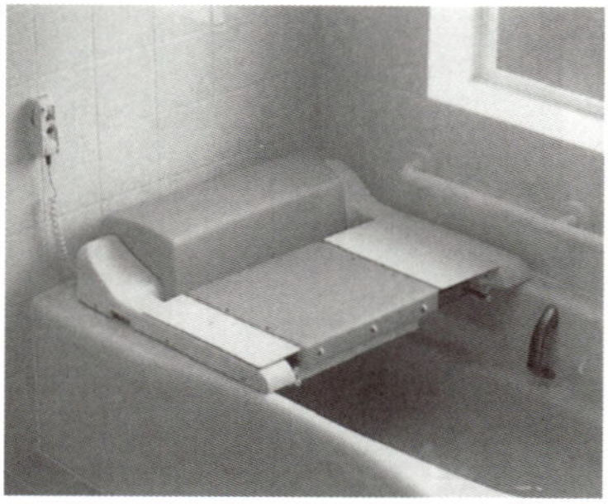

図65　バスリフトの商品例

リフトに移乗し、リモコンでシートを降ろし入浴します。

専有部分の改修／工事不要の福祉用具

改修事例O〈工事不要の福祉用具〉 バルコニーを段差解消した事例

工事不要の
福祉用具

[状況とニーズ]

■住居：新築分譲マンション１階

■本人の身体状況等：幼少時の事故により下半身麻痺。車いす生活をされている30歳女性。

■同居家族：両親

■ニーズ：マンション建築時より施工会社と打合せを重ね、住戸の玄関には段差解消機を設置、住戸内は段差解消された状態だった。しかし、住んでみてはじめてバルコニーへも自由に出入りをしたいという希望がでてきた。入居前はバルコニーの使い方まではイメージがなかった事例。

【バルコニー】
バルコニーの段差は居間の床面から220mmで、スロープでは下りられない。床をかさ上げするために、床を壊したり、固定をしなくてはならないとなると、管理組合の許可が必要だったり、今後別の使い方を考える時に支障が出てしまう。その為、取り外しが出来て、マンション本体に傷をつけずに済む方法で検討し、すのこによるかさ上げを提案した。

改修後

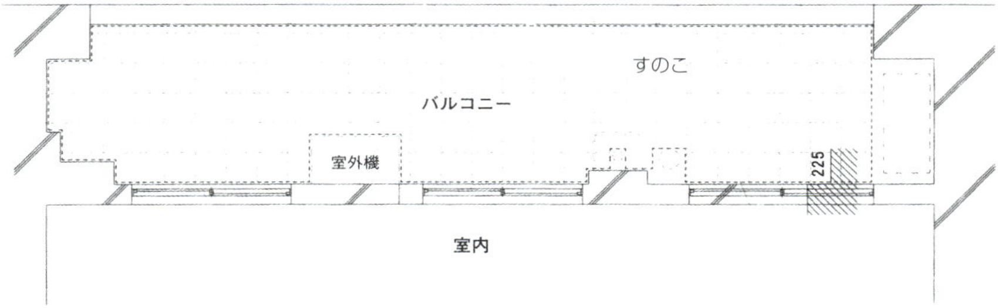

【すのこの設置】
すのこについては、屋外での使用も可能か、耐久性や車いすが乗った時の強度等、メーカーと検討した。その結果、木製だと破損の恐れがあったり、手入れが大変なため、発砲ポリスチロール製のものを使用。また、居間からの景観とすのこの耐久性を考え、すのこの上に樹脂パネルを敷き詰めた。木製パネルだと変形等により車いすの操作に支障がでる。また、取り外しての清掃時のことを考え、すのことパネルを、ほぼ等間隔で分割する形としている。居間からの移動の際、サッシ下枠でできる段差は、パンチングのアルミ板にて解消している。

概算費用：
約70万円

【改修後】
スムーズにバルコニーに出入りできるようになり、ガーデニングも楽しんでいる。ちなみに、今回の住宅はマンションの１階ということで実現したが、２階以上だと、避難上の問題で困難となる。

3.9 下地・内装材料の変更、明るさの度合い、温度差対策

内装材料の変更は、個人の好みを生かせる部分ですので楽しんで選んでください。室内の明るさと温度は、ともに各部屋の格差を減らすことがポイントになります。

●下地･内装材料の変更

共同住宅は構造や面積により内装制限を受けますが、指定された不燃材料、準不燃材料または難燃材料の中では自由な選択ができます。改修の中で個人の好みが生かせる部分ですので、大いに楽しんで選んでください。

①車いす対策の壁

車いす使用ではフットレストやホイールをぶつけて壁を傷つけることがあるのでキックガードをつけたり、丈夫な腰壁にしたりすると安心です。これは扉や戸枠周りも同じで、はめ込みのガラスの位置や開口幅、開口角度に注意するとよいでしょう。

②壁紙等の模様替え

高齢になると視力が落ちたり、まぶしさが際立ったりしますが、個人により差が大きいので床材、壁材、天井材の組み合わせに注意します。壁が真っ白だと奥行きをつかみにくかったり、床がすべて同じ材料でできていて距離感がつかめなかったりすることがあります。また、段差が残っている場合は色を変えるなどして目立たせるとよいでしょう。

認知障害があると、細かい模様やもやもやした模様の壁紙や天井材は幻覚を起こさせたり、不安な気持ちにさせたりしますので本人の好みの単色を使うとよいと言われています。

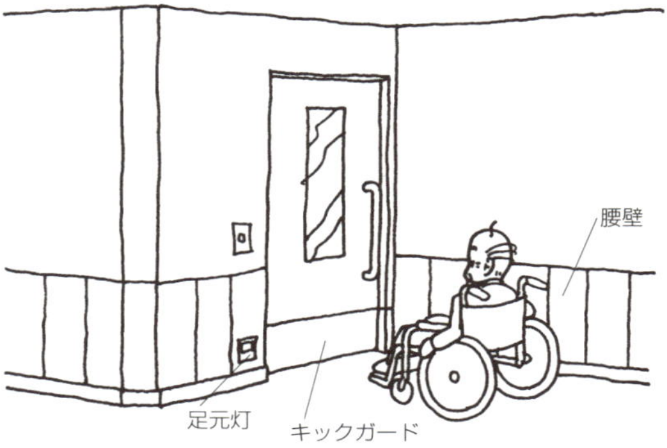

図 66　腰壁にした例

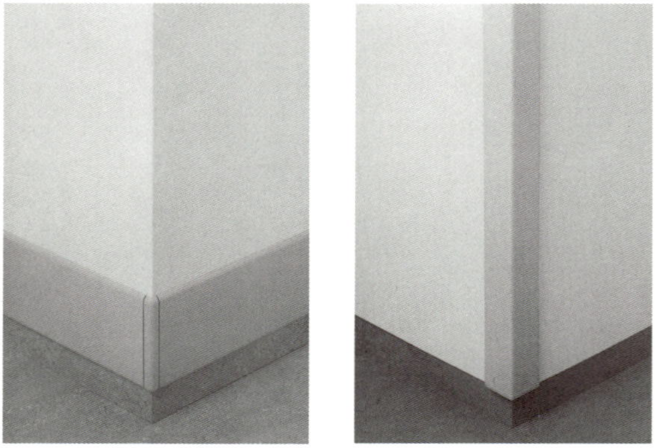

キックガード　　コーナーガード

図 67　キックガードとコーナーガードの商品例

専有部分の改修／下地・内装材料の変更、明るさの度合い、温度差対策

下地・内装材料の変更について

図68　補強板付き手すりの商品例

図69　足元灯を設置した例

色彩は工事費用に関わりなく自由に選択ができます。明るい色や本人の好きな色は気持ちを明るくさせるとも言われています。高齢者の居室を中心に色使いを積極的に考えていきたいものです。

③補強材について

手すりの取付けやリフトの設置をする場合は柱、梁等の下地が必要です。下地が無い所は補強板を柱や間柱に止めつけて手すりの取り付けをします。（介護保険対象）壁を撤去する予定があれば壁内にあらかじめ手すりの取り付け位置より上下200mmくらいの幅で補強を入れておくとよいでしょう。

天井走行式、固定式のリフトを設置するには床や柱、梁が適切な強度があるかを調べて、不足している場合は補強のための下地を適宜入れます。

●明るさの度合い

「視力の落ちる70代では20代の3倍の明るさが必要だ」といわれていますが、マンションではトイレや廊下で採光が取れないことがありますので、照明は明るさを保つようにすると共に、室間の照度格差がないようにしましょう。

特に夜間のトイレに起きたとき等は暗い廊下やトイレで転倒したり、事故につながりますので、足元灯で誘導したり、急に明るい電球がともらずに、徐々に明るくなる段階的な照明をつけるのもよい方法でしょう。

温度差の解消について

温度差の解消

温度差対策

浴室やトイレで高齢者の家庭内事故が起こりやすいのは、温度差がひとつの原因です。暖かい部屋から急激な温度差のあるトイレや、寒い浴室で急に熱い湯に入ったり出たりすることは、脳卒中などを起こしやすくします。玄関や廊下、水周りを含めた住戸内の温度差をなくすように空気の循環を考えて冷暖房機器を設置します。浴室は入浴前に浴槽のふたを開けておいたり、洗い場に湯をまいたりするだけでもずいぶんと違ってきます。

脱衣室側と浴室側を同時に暖房できる暖房乾燥機や床暖房の設置、トイレにパネルヒーターを入れるということは今や贅沢ではなくなってきています。熱源としては、電気式のものとガス式のものがありますが、マンションでは電気式が導入しやすいでしょう。ただし、電気容量が大きいので、住戸全体の電気容量が足りるかどうかを事前に調べてください。不足していたら、電気容量の変更を電気会社に行ってもらいます。

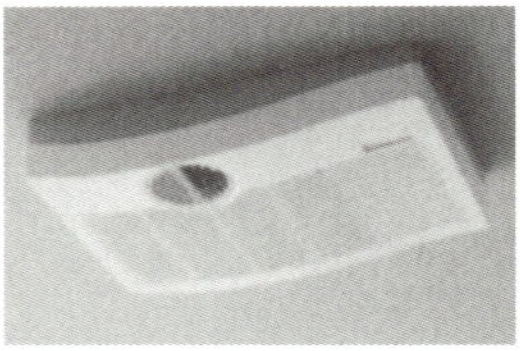

天井に取り付ける後付けタイプ(電気式)

図70　浴室暖房乾燥機の商品例

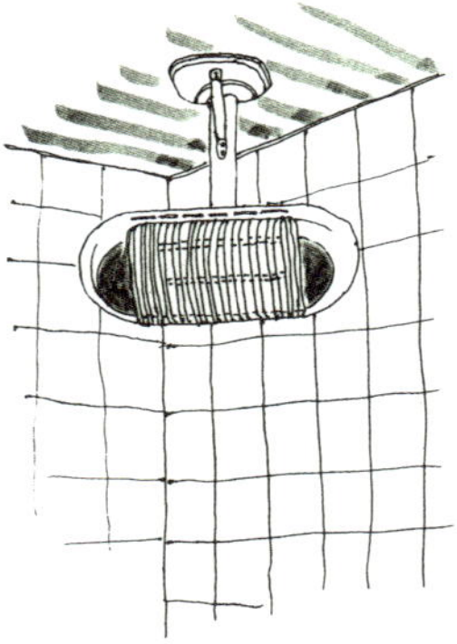

図71　浴室用電気ストーブを天井に設置した例

引用・参考文献

『初めての建築計画』〈建築のテキスト〉編集委員会編、学芸出版社、2000
『これで快適！ マンションリフォーム』建築設計工房パッソ・ア・パッソ著、講談社、1998
『マンションリフォームの設計と施工』小原二郎編著、彰国社、1994

参考カタログ企業

トステム株式会社
TOTO株式会社
クリナップ株式会社
ナカ工業株式会社
三協アルミニウム工業株式会社
株式会社リラインス
ケアメディックス株式会社
松下電工株式会社
株式会社ＩＮＡＸ
大建工業株式会社
株式会社　ガット・リハビリィ

Ⅲ法律と空間デザイン

法律を知る

1. 改正ハートビル法

平成15年４月施行の改正ハートビル法で共同住宅(マンション・アパート等)が新たに特定建築物に追加されました。共同住宅のバリアフリーを法的見地からみてみましょう。

① 共用部分の法規制について

新築共同住宅

平成１５年４月施行の改正ハートビル法により、共同住宅が新たに特定建築物に追加されました。（改正ハートビル法抜粋は巻末に掲載しています。）

ハートビル法とは、そもそも高齢者·身体障害者等が円滑に利用できる建築物の建築の促進のための措置を講ずることにより建築物の質の向上を図り、これをもって公共の福祉の増進に資することを目的として平成６年に制定された法律です。今回の改正により従来の『特定建築物』は新たに対象が追加変更され、さらに『特別特定建築物』が設けられました。

『特定建築物』の変更

特定建築物とは、従来、不特定かつ多数の者が利用する建築物ということで、病院·劇場·観覧場·集会場·展示場·百貨店·ホテルなどが対象でしたが、今回の改正で、不特定あるいは多数の人が利用する事務所·学校·共同住宅·老人ホーム、その他政令で定める建築物またはその部分と、これらに付属する特定施設に拡大されました。

『特別特定建築物』とは

今回の改正により、主として高齢者身体障害者が利用する特定建築物で高齢者、身体障害者等が円滑に利用できるようにすることが特に必要なものとして政令で定められました。

ハートビル法の体系

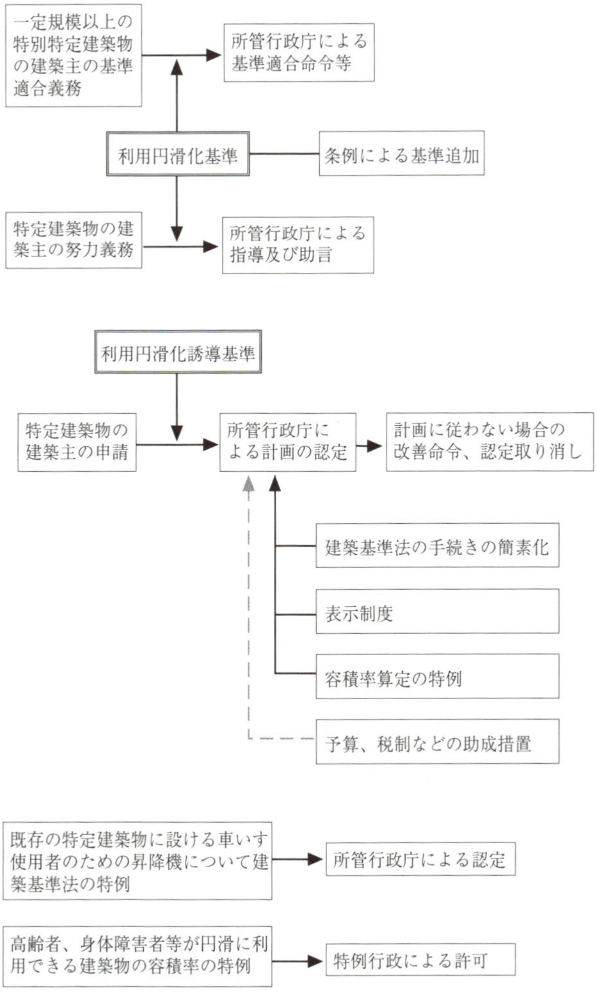

法律を知る／改正ハートビル法

『特定建築物および特別特定建築物』

『特定建築物』と『特別特定建築物（2000m² 以上）』

特定建築物	特別特定建築物	参考：改正前の特定建築物
1.学校	1.盲学校、聾学校又は養護学校	
2.病院又は診療所	2.病院又は診療所	1.病院又は診療所
3.劇場、観覧場、映画館又は演芸場	3.劇場、観覧場、映画館又は演芸場	2.劇場、観覧場、映画館又は演芸場
4.集会場又は公会堂	4.集会場又は公会堂	3.集会場又は公会堂
5.展示場	5.展示場	4.展示場
6.卸売市場又は百貨店、マーケットその他の物品販売業を営む店舗	6.百貨店、マーケットその他の物品販売業を営む店舗	5.百貨店、マーケットその他の物品販売業を営む店舗
7.ホテル又は旅館	7.ホテル又は旅館	6.ホテル又は旅館
8.事務所	8.保健所、税務署その他不特定かつ多数の者が利用する官公署	16.郵便局、保健所、税務署その他これらに類する公益上必要な建築物
9.共同住宅、寄宿舎又は下宿		
10.老人ホーム、保育所、身体障害者福祉ホームその他これらに類するもの	9.老人ホーム、身体障害者福祉ホームその他これらに類するもの（主として高齢者、身体障害者等が利用するものに限る）	
11.老人福祉センター、児童厚生施設、身体障害者福祉センターその他これらに類するもの	10.老人福祉センター、児童厚生施設、身体障害者福祉センターその他これらに類するもの	7.老人福祉センター、児童厚生施設、身体障害者福祉センターその他これらに類するもの
12.体育館、水泳場、ボーリング場その他これらに類する運動施設又は遊技場	11.体育館（一般公共の用に供されるものに限る。）、水泳場（一般公共の用に供されるものに限る）若しくはボーリング場又は遊技場	8.体育館、水泳場、ボーリング場又は遊技場
13.博物館、美術館又は図書館	12.博物館、美術館又は図書館	9.博物館、美術館又は図書館
14.公衆浴場	13.公衆浴場	10.公衆浴場
15.飲食店又はキャバレー、料理店、ナイトクラブ、ダンスホールその他これらに類するもの	14.飲食店	11.飲食店
16.郵便局又は理髪店、クリーニング取次店、質屋、貸衣装屋、銀行その他これらに類するサービス業を営む店舗	15.郵便局又は理髪店、クリーニング取次店、質屋、貸衣装屋、銀行その他これらに類するサービス業を営む店舗	12.理髪店、クリーニング取次店、質屋、貸衣装屋、銀行その他これらに類するサービス業を営む店舗［16.郵便局、保健所、税務署その他これらに類する公益上必要な建築物］
17.自動車教習所又は学習塾、華道教室、囲碁教室その他これらに類するもの		
18.工場		
19.車両の停車場又は船舶若しくは航空機の発着場を構成する建築物で旅客の乗降又は待合いの用に供するもの	16.車両の停車場又は船舶若しくは航空機の発着場を構成する建築物で旅客の乗降又は待合いの用に供するもの	13.車両の停車場又は船舶若しくは航空機の発着場を構成する建築物で旅客の乗降又は待合いの用に供するもの
20.自動車の停留又は駐車のための施設	17.自動車の停留又は駐車のための施設（一般公共の用に供されるものに限る）	14.一般公共の用に供される自動車車庫
21.公衆便所	15.公衆便所	15.公衆便所

『特別特定建築物』については、政令で定める規模以上の建築（用途変更を含みます。）をしようとするものは、当該特別特定建築物を、高齢者、身体障害者等が円滑に利用できるようにしなければなりません。また維持保全をする者についても同様とします。

地方公共団体が条例を追加できる

さらに、以上では目的を十分に達しがたいと認める場合においては、地方公共団体は、特別特定建築物に条例で定める特定建築物を追加しまた、利用円滑化基準に必要な条項を付加できることとしました。

したがって、条例化により共同住宅のバリアフリー化が法規制されることとなりました。これは建築確認対象法令とし、違反する者に対しては是正命令が出されます。

また特定建築物の建築・修繕に際しては、廊下、階段、エレベーター等を利用円滑化基準に適合させるために必要な措置を講ずるよう努めなければならない、と努力義務が付されています。

認定建築物に対する支援措置

バリアフリー対応利用円滑化誘導基準に適合すると認定された建築物を「認定建築物」といいます。容積率の算定の基礎となる延べ床面積には、廊下、階段、エレベーター等の特定施設の床面積のうち、通常の建築物の特定施設の床面積を超えることとなる部分の床面積（延べ床面積の１割を上限）は、算入しません。また、その敷地や利用に関する広告等に、認定を受けている旨の表示ができることになりました。

『利用円滑化誘導基準チェックリスト』－出入口・廊下等・階段・傾斜路－

一般基準

特定施設等の欄の「第○条」はハートビル法施行規則の該当条文

特定施設等	チェック項目	
出入口(第７条)	①出入口　(昇降機・便所・浴室等の出入口、基準適合出入口に併設された出入口を除く。)	－
	(1) 幅は90cm以上であるか	
	(2) 戸は車いす使用者が通過しやすく、前後に水平部分を設けているか	
	②一以上の建物出入口	－
	(1) 幅は120cm以上であるか	
	(2) 戸は自動に開閉し、前後に水平部分を設けているか	
廊下等(第８条)	①幅は180cm以上(区間50m以内ごとに車いすがすれ違い可能な場所がある場合、140cm以上)であるか	
	②表面は滑りにくい仕上げであるか	
	③点状ブロック等の敷設(階段又は傾斜路の上端に近接する部分)　※１	
	④ 戸は車いす使用者が通過しやすく、前後に水平部分を設けているか	
	⑤側面に外開きの戸がある場合はアルコーブとしているか	
	⑥突出物を設ける場合は視覚障害者の通行の安全上支障とならないよう措置されているか	
	⑦休憩設備を適切に設けているか	
	⑧上記①、④は車いす使用者の利用上支障がない部分(※２)は適用除外	－
階段(第９条)	①幅は140cm以上であるか (手すりの幅は10cmまで不算入)	
	②けあげは16cm以下であるか	
	③踏面は30cm以上であるか	
	④両側に手すりを設けているか　(踊場を除く)	
	⑤表面は滑りにくい仕上げであるか	
	⑥段は識別しやすいものか	
	⑦段はつまづきにくいものか	
	⑧点状ブロック等の敷設　(段部分の上端に近接する踊場の部分)　※３	
	⑨主な階段を回り階段としていないか	
(第10条)	①階段以外に傾斜路・昇降機(２以上の階にわたるときは第12条の昇降機に限る)を設けているか	
	②上記！は車いす使用者の利用上支障がない場合(※４)は適用除外	
傾斜路(第11条)	①幅は150cm以上(階段に併設する場合は120cm以上)であるか	
	②勾配は1/12以下であるか	
	③高さ75cm以内ごとに踏幅150cm以上の踊場を設けているか	
	④両側に手すりを設けているか　(勾配1/12以下で高さ16cm以下の傾斜部分は免除)	
	⑤表面は滑りにくい仕上げであるか	
	⑥前後の廊下等と識別しやすいものか	
	⑦点状ブロック等の敷設　(傾斜部分の上端に近接する踊場の部分)　※５	
	⑧上記①から③は車いす使用者の利用上支障がない部分(※６)は適用除外	

※１　告示で定める以下の場合を除く
- 勾配が1/20以下の傾斜部分の上端に近接する場合
- 高さ16cm以下で勾配1/12以下の傾斜部分の上端に近接する場合
- 自動車車庫に設ける場合

※２　車いす使用者用駐車施設が設けられていない駐車場、階段等のみに通ずる廊下等の部分

※３　告示で定める以下の場合を除く
- 自動車車庫に設ける場合
- 段部分と連続して手すりを設ける場合

※４　車いす使用者用駐車施設が設けられていない駐車場等のみに通ずる階段である場合

※５　告示で定める以下の場合を除く
- 勾配が1/20以下の傾斜部分の上端に近接する場合
- 高さ16cm以下で勾配1/12以下の傾斜部分の上端に近接する場合
- 自動車車庫に設ける場合
- 傾斜部分と連続して手すりを設ける場合

※６　車いす使用者用駐車施設が設けられていない駐車場、階段等のみに通ずる傾斜路の部分

『利用円滑化誘導基準』－出入口・廊下等・階段・傾斜路－

出入口

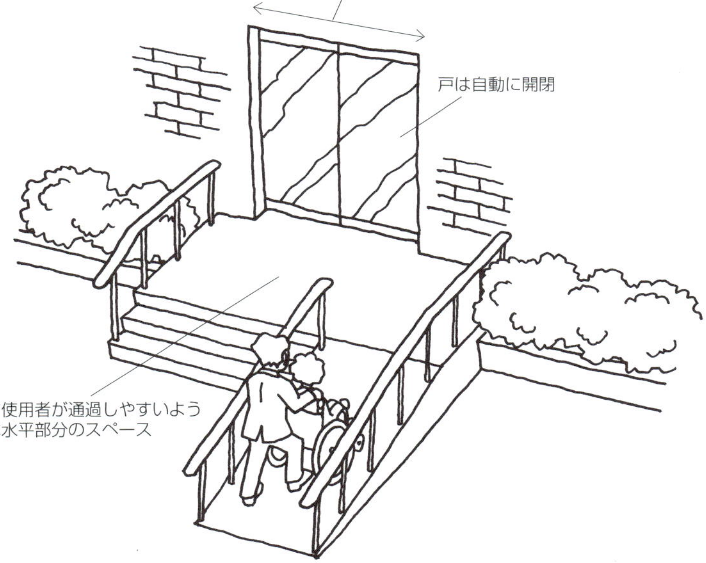

廊下等

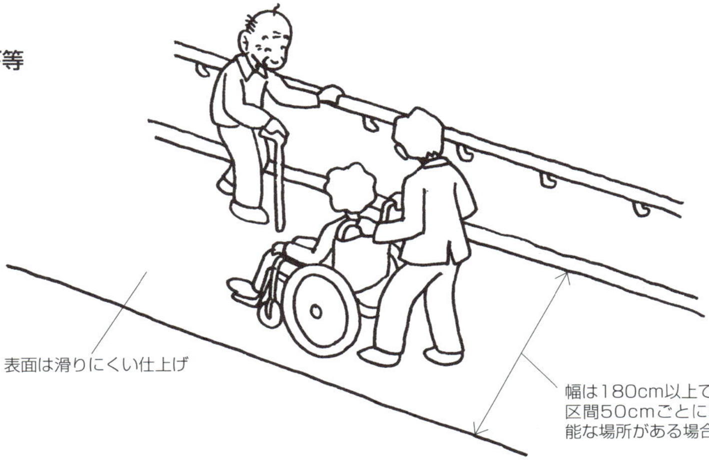

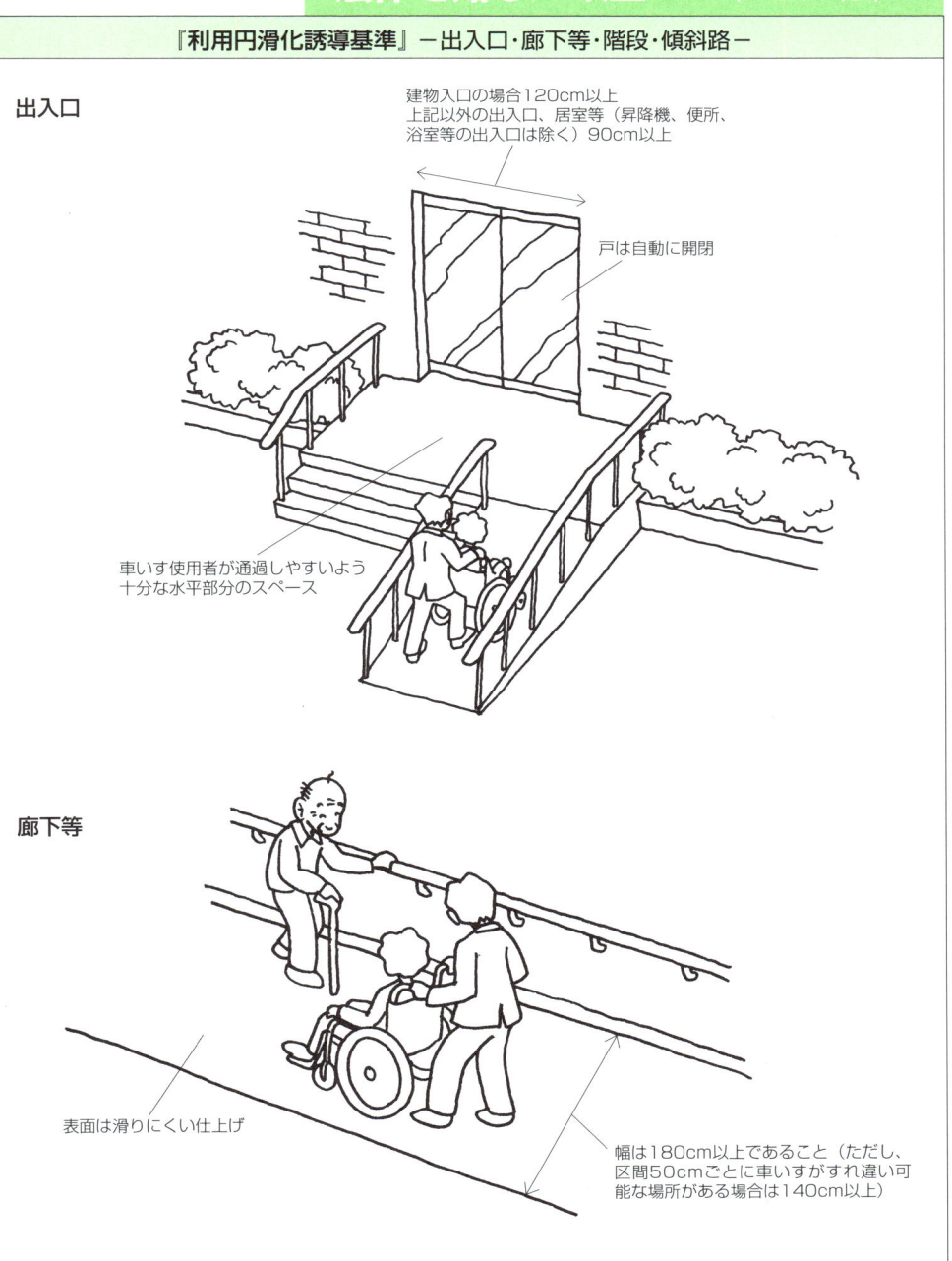

『利用円滑化誘導基準』－出入口・廊下等・階段・傾斜路－

階段

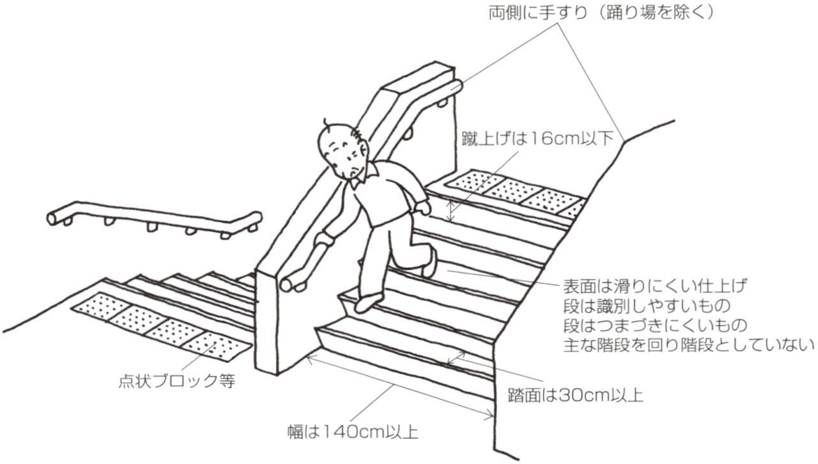
両側に手すり（踊り場を除く）
蹴上げは16cm以下
表面は滑りにくい仕上げ
段は識別しやすいもの
段はつまづきにくいもの
主な階段を回り階段としていない
点状ブロック等
踏面は30cm以上
幅は140cm以上

傾斜路

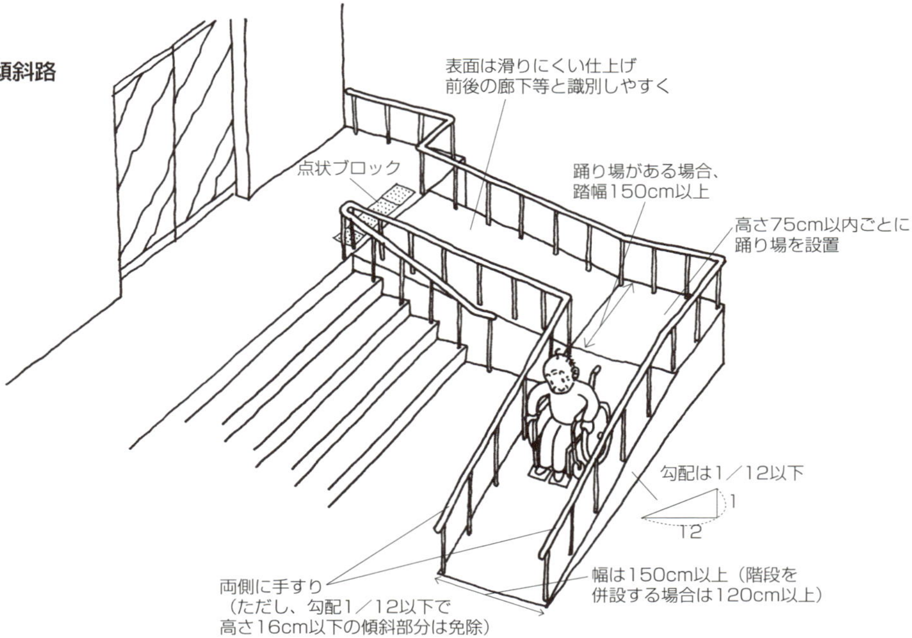
表面は滑りにくい仕上げ
前後の廊下等と識別しやすく
点状ブロック
踊り場がある場合、
踏幅150cm以上
高さ75cm以内ごとに
踊り場を設置
勾配は1／12以下
1
12
両側に手すり
（ただし、勾配1／12以下で
高さ16cm以下の傾斜部分は免除）
幅は150cm以上（階段を
併設する場合は120cm以上）

『利用円滑化誘導基準チェックリスト』－昇降機・エレベーター・エスカレーター－

一般基準

特定施設等	チェック項目	
昇降機(第12条)	①必要階(利用居室又は車いす使用者用便房・駐車施設・浴室等・客室のある階、地上階)に停止する昇降機が1以上あるか	
	②多数の者／主として高齢者、身体障害者等が利用するすべての昇降機・乗降ロビー	－
	(1) かご及び昇降路の出入口の幅は80cm以上であるか	
	(2) かごの奥行きは135cm以上であるか	
	(3) 乗降ロビーは水平で、150cm角以上であるか	
	(4) かご内に停止予定階・現在位置を表示する装置を設けているか	
	(5) 乗降ロビーに到着するかごの昇降方向を表示する装置を設けているか	
	③多数の者／主として高齢者、身体障害者等が利用する1以上の昇降機・乗降ロビー	－
	(1) ②のすべてを満たしているか	
	(2) かごの床面積は1.83㎡以上であるか	
	(3) かごは車いすが転回できる形状か	
	(4) かご内及び乗降ロビーに車いす使用者が利用しやすい制御装置を設けているか	
	④不特定多数の者が利用するすべての昇降機・乗降ロビー	－
	(1) かご及び昇降路の出入口の幅は80cm以上であるか	
	(2) かごの奥行きは135cm以上であるか	
	(3) 乗降ロビーは水平で、150cm角以上であるか	
	(4) かご内に停止予定階・現在位置を表示する装置を設けているか	
	(5) 乗降ロビーに到着するかごの昇降方向を表示する装置を設けているか	
	(6) かごの床面積は1.83㎡以上であるか	
	(7) かごは車いすが転回できる形状か	
	⑤不特定多数の者が利用する1以上の昇降機・乗降ロビー	－
	(1) ④(2)、(4)、(5)、(7)を満たしているか	
	(2) かごの床面積は2.09㎡以上であるか	
	(3) かご及び昇降路の出入口の幅は90cm以上であるか	
	(4) 乗降ロビーは水平で、180cm角以上であるか	
	(5) かご内及び乗降ロビーに車いす使用者が利用しやすい制御装置を設けているか	
	⑥不特定多数の者又は主として視覚障害者が利用する1以上の昇降機・乗降ロビー　※1	－
	(1) ③のすべて又は⑤のすべてを満たしているか	
	(2) かご内に到着階・戸の閉鎖を知らせる音声装置を設けているか	
	(3) かご内及び乗降ロビーに視覚障害者が利用しやすい制御装置を設けているか	
	(4) かご内又は乗降ロビーに到着するかごの昇降方向を知らせる音声装置を設けているか	
特殊な構造又は使用形態の昇降機(第13条)	①エレベーターの場合	－
	(1) 段差解消機(平成12年建設省告示第1413号第1第七号のもの)であるか	
	(2) かごの床面積は0.84㎡以上であるか	
	(3) かごの床面積は十分であるか　(車いす使用者がかご内で方向を変更する必要がある場合)	
	②エスカレーターの場合	－
	(1) 車いす使用者用エスカレーター(平成12年建設省告示台1417号第1ただし書のもの)であるか	

※1　告示で定める以下の場合を除く
　·自動車車庫に設ける場合

法律を知る／改正ハートビル法

『利用円滑化誘導基準』－昇降機・エレベーター・エスカレーター－

昇降機

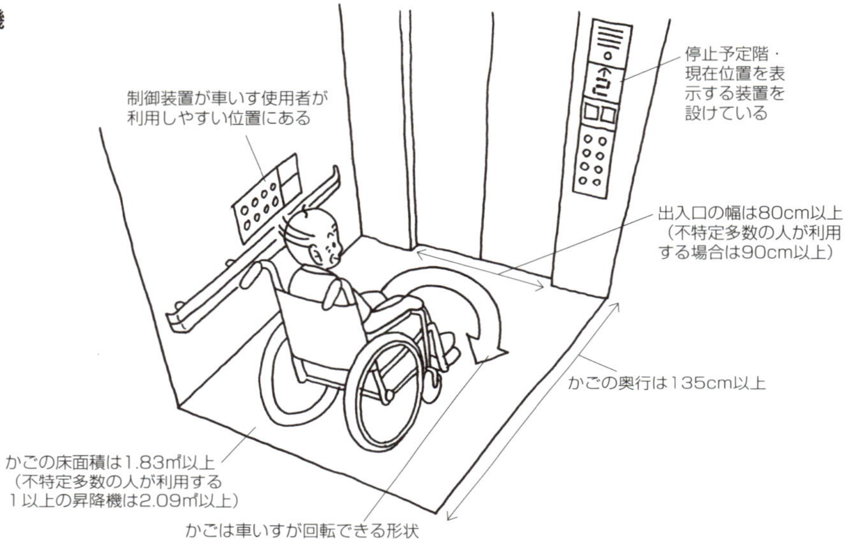

乗降ロビー

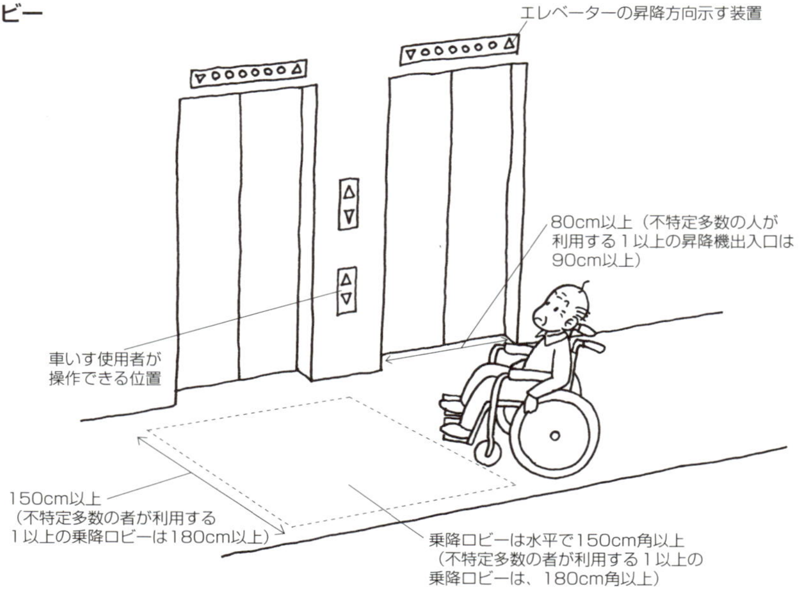

法律を知る／改正ハートビル法

『利用円滑化誘導基準』－昇降機・エレベーター・エスカレーター－

段差解消機

エスカレーター

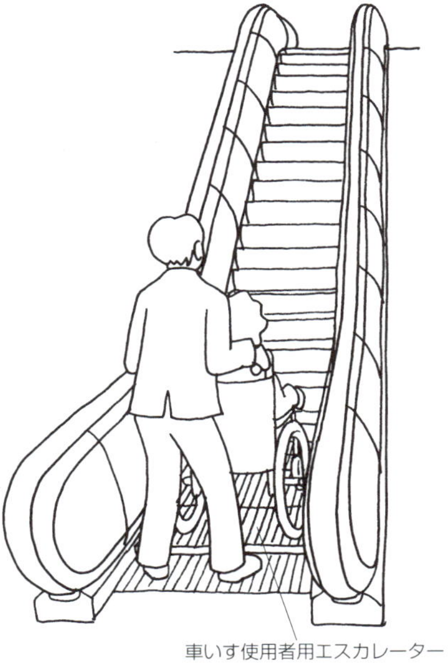

『利用円滑化誘導基準チェックリスト』－便所・敷地内の通路・駐車場－

一般基準

特定施設等	チェック項目	
便所(第14条)	①車いす使用者用便房を設けているか　(各階原則2%以上)	
	(1) 腰掛便座、手すり等が適切に配置されているか	
	(2) 車いすで利用しやすいよう十分な空間が確保されているか	
	(3) 出入口　(当該便房を設ける便所も同様)	
	·幅は80cm以上であるか	
	·戸は車いす使用者が通過しやすく、前後に水平部分を設けているか	
	(4) 標識を掲示しているか	
	(5) 車いす使用者用便房がない便所には腰掛便座、手すりが設けられた便房があるか	
	(当該便所の近くに車いす使用者用便房のある便所を設ける場合を除く)	
	②床置式の小便器等を設けているか　(各階1以上)	
敷地内の通路(第15条)	①幅は180cm以上であるか	
	②表面は滑りにくい仕上げであるか	
	③戸は車いす使用者が通過しやすく、前後に水平部分を設けているか	
	④段がある部分	—
	(1) 幅は140cm以上であるか　(手すりの幅は10cm以内までは不算入)	
	(2) けあげは16cm以下であるか	
	(3) 踏面は30cm以上であるか	
	(4) 両側に手すりを設けているか	
	(5) 識別しやすいものか	
	(6) つまづきにくいものか	
	⑤段以外に傾斜路又は昇降機を設けているか	
	⑥傾斜路	—
	(1) 幅は150cm以上(段に併設する場合は120cm以上)であるか	
	(2) 勾配は1/15以下であるか	
	(3) 高さ75cm以内ごとに踏幅150cm以上の踊場を設けているか(勾配1/20以下の場合は免除)	
	(4) 両側に手すりを設けているか(勾配1/12以下で高さ16cm以下又は1/20以下の傾斜部分は免除)	
	(5) 前後の通路と識別しやすいものか	
	⑦上記①、③、⑤、⑥(1)から(3)は地形の特殊性がある場合は車寄せから建物出入口までに限る	
	(上記①、③、⑤、⑥(1)から(3)は車いす使用者の利用上支障がない部分※1は適用除外)	
駐車場(第16条)	①車いす使用者用駐車施設を設けているか　(原則2%以上)	
	(1) 幅は350cm以上であるか	
	(2) 表示をしているか	
	(3) 利用居室等までの経路が短い位置に設けられているか	

※1　車いす使用者用駐車施設が設けられていない駐車場、段等のみに通ずる敷地内の通路の部分

『利用円滑化誘導基準』－便所・敷地内の通路・駐車場－

便所

車いす使用者用便房
（各階原則2%以上）

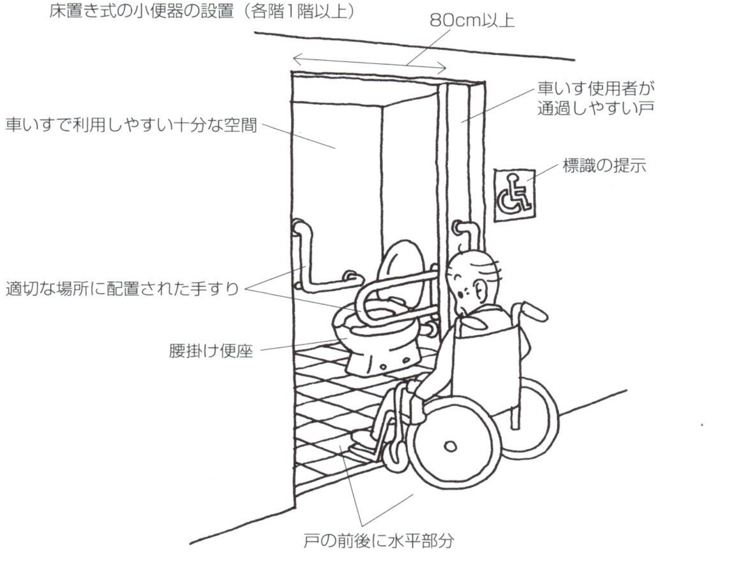

敷地内の通路

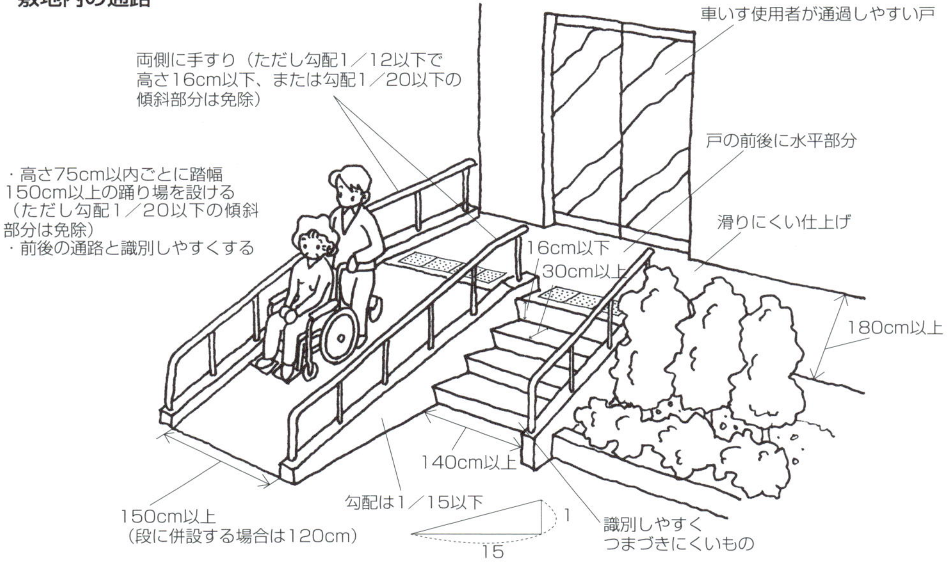

法律を知る／改正ハートビル法

『利用円滑化誘導基準チェックリスト』－駐車場・浴室・客室－

駐車場

車いす使用者用駐車施設
（原則2%以上）

一般基準

特定施設等	チェック項目	
浴室等（第17条）	①車いす使用者用浴室等を設けているか　（1以上）	
	(1) 浴槽、シャワー、手すり等が適切に配置されているか	
	(2) 車いすで利用しやすいよう十分な空間が確保されているか	
	(3) 出入口	－
	・幅は80cm以上であるか	
	・戸は車いす使用者が通過しやすく、前後に水平部分を設けているか	
車いす使用者用客室（第18条）	①車いす使用者用客室を設けているか（原則2%以上の客室）	－
	(1) 出入口	
	・幅は80cm以上であるか	
	・戸は車いす使用者が通過しやすく、前後に水平部分を設けているか	
	(2) 便所　（同じ階に共用便所がある場合は免除）	
	・車いす使用者用便房を設けているか	
	・出入口の幅は80cm以上であるか　（当該便房を設ける便所も同様）	
	・出入口の戸は車いす使用者が通過しやすく、前後に水平部分を設けているか（当該便房を設ける便所も同様）	
	(3) 浴室等　（共用の浴室等がある場合は免除）	
	・車いす使用者用浴室等を設けているか	

視覚障害者利用円滑化経路　（道等から案内設備までの主な経路に係る基準）　※1

特定施設等	チェック項目	
案内設備までの経路（第19条）	①線状ブロック等・点状ブロック等の敷設又は音声誘導装置の設置　（風除室で直進する場合は免除）	
	②車路に接する部分に点状ﾌﾞﾛｯｸ等を敷設しているか	
	③段・傾斜がある部分の上端に近接する部分に点状ﾌﾞﾛｯｸ等を敷設しているか　※2	

※1　告示で定める以下の場合を除く
　・自動車車庫に設ける場合
　・受付等から建物出入口を容易に視認でき、道等から当該出入口まで視覚障害者を円滑に誘導する場合

※2　告示で定める以下の部分を除く
　・勾配が1/20以下の傾斜部分の上端に近接する場合
　・高さ16cm以下で勾配1/12以下の傾斜部分の上端に近接する場合
　・段部分又は傾斜部分と連続して手すりを設ける踊場等

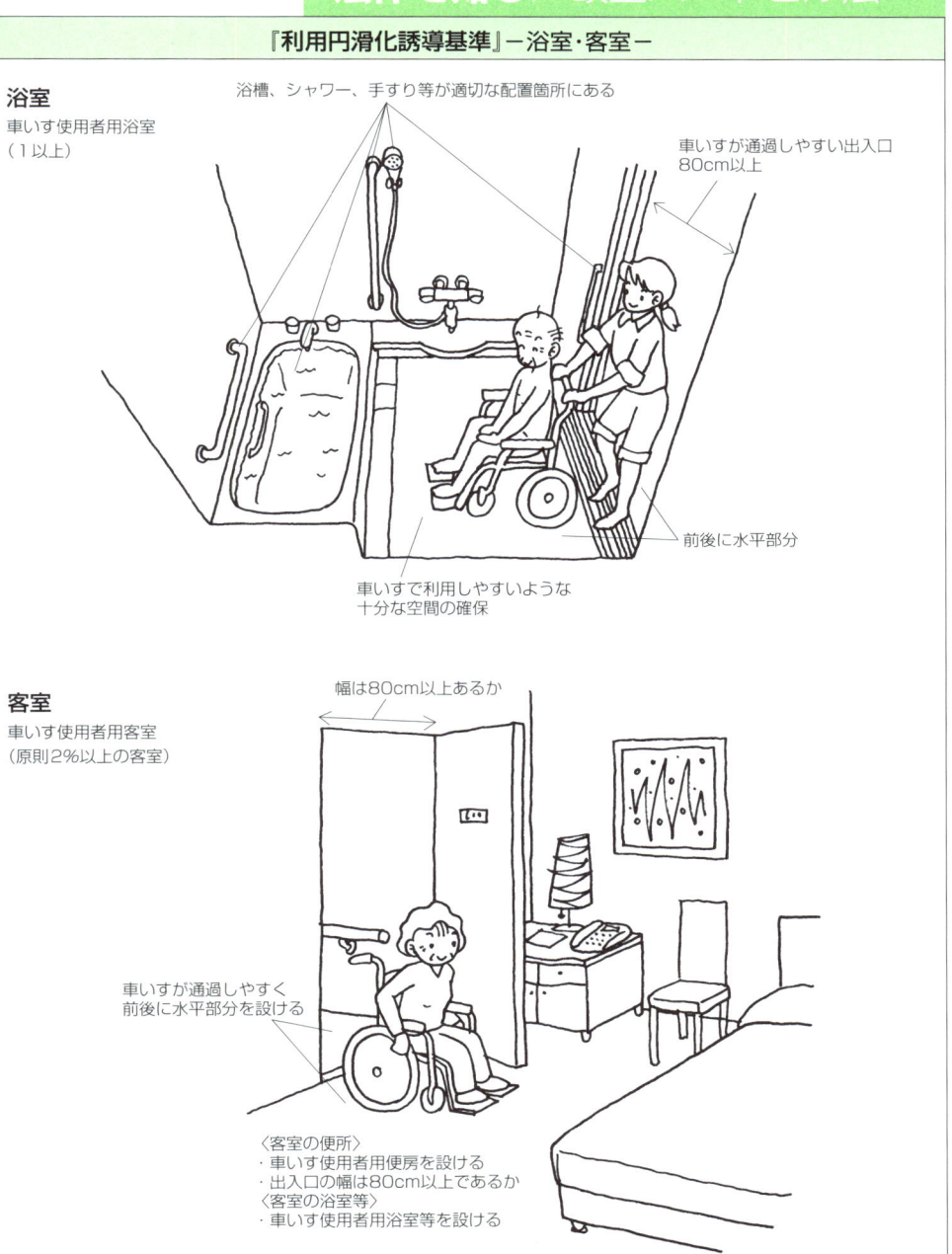

『利用円滑化誘導基準』－浴室・客室－

浴室

車いす使用者用浴室
（1以上）

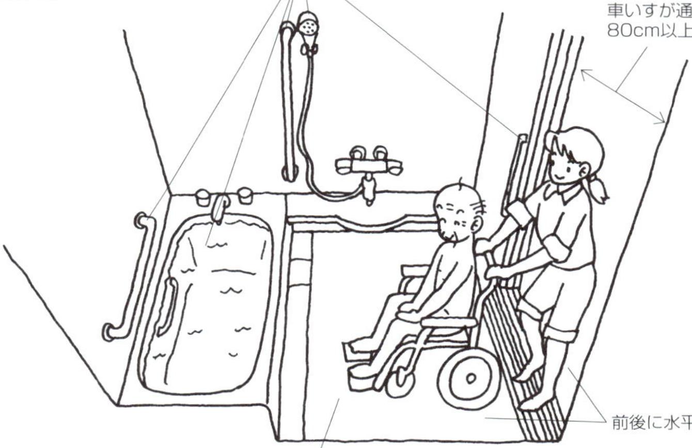

客室

車いす使用者用客室
（原則2%以上の客室）

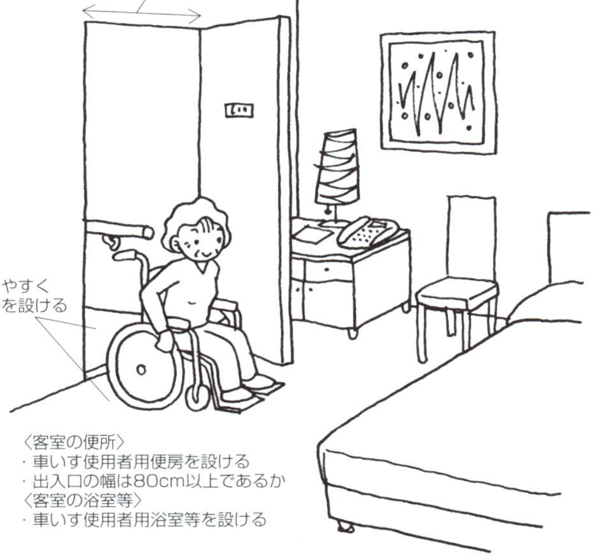

〈客室の便所〉
・車いす使用者用便房を設ける
・出入口の幅は80cm以上であるか
〈客室の浴室等〉
・車いす使用者用浴室等を設ける

東京都ハートビル条例の概要

② 東京都ハートビル条例の概要

今回の改正ハートビル法の地方自治体による条例をみてみましょう。

東京都は平成16年7月1日以降着工の総床面積2000平方メートル以上の共同住宅には、ハートビル法基準のバリアフリー化を条例化しました。さらに、都条例は共同住宅に特定経路を設け住戸から公道までの経路を特定化し、さらに明確にしました。

さらに、現段階では素案ではありますが、小規模および既存住宅に関してバリアフリーガイドラインが示されています。関係各人が現状と将来を見通し、法規制されなくても、基準に適合する建築物が一棟でもふえることを切に望んでいます。

国のハートビル法に加えて、対象建物の追加、対象規模の強化などを行っている。

対象建物（特別特定建築物）	対象規模
学校 病院又は診療所（※１） 集会場（※２）又は公会堂 保健所、税務署などの官公署 老人ホーム、保育所などの社会福祉施設 博物館、美術館又は図書館 旅客施設等 公衆便所	全ての規模
診療所（※３） スーパーマーケットなどの物品販売店舗 飲食店 郵便局、銀行などのサービス店舗 自動車の停留又は駐車のための施設（※４）	500平方メートル以上
劇場、観覧場、映画館又は演芸場 集会場（※５） 展示場 ホテル又は旅館 体育館などの運動施設又は遊技場 公衆浴場 料理店	1,000平方メートル以上
共同住宅 複合建築物	2,000平方メートル

※1　患者の収容施設を有するものに限る。
※2　一の集会室の床面積が200平方メートルを超えるものに限る。
※3　患者の収容施設を有しないものに限る。
※4　一般公共の用に供されるものに限る。
※5　全ての集会室の床面積が200平方メートル以下のものに限る。

(1)対象建物

都のハートビル条例では、国のハートビル法で定めるもの（ハートビル法による特別特定建築物）に加えて、学校、共同住宅、社会福祉施設（保育所など）、運動施設（スポーツクラブなど）、料理店なども対象としている。

(2)対象規模

国のハートビル法では、床面積の合計が2千平方ｍ以上の建物を対象としているが、都のハートビル条例では、対象建物ごとに規模を決めている。

たとえば、学校、病院、官公署などのように公共公益性が高く、不特定多数の人が利用する建物は、全ての規模を対象とし、スーパーマーケットなどの物品販売店舗、銀行や郵便局などのサービス店舗など、生活に身近で不特定多数の人が利用する建物は、500平方ｍ以上を対象としている。

(3)利用円滑化基準

高齢者、身体障害者等が利用しやすくするための整備基準（利用円滑化基準）は、国のハートビル法に定める基準より強化している。

たとえば、国のハートビル法では廊下の幅を120cm以上人としているが、東京都では、140cm以上と定めている。

■対象となる建物を建てる際には、ハートビル条例で定める基準に適合させなければいけない。基準への適合は建築確認の中で審査される。
■基準適合の義務がない小規模・既存建築物については、「小規模建築物・既存建築物バリアフリーガイドライン（素案）」を参考にする。

2.『高齢者が居住する住宅の設計に係る指針』（国土交通省告示）第千三百一号

平成13年に示された『高齢者が居住する住宅の設計に係る指針』は、非常に具体的に記載されており、既存物件の共用部分バリアフリー化の基準とすべきものです。

①既存物件のバリアフリー化

では、既に建設されている共同住宅についてはどうでしょうか。よく既存不適格という表現が使われますが、まさにバリアフリーについてもこの現象が発生してきます。

今回の改正ハートビル法には、用途変更および、修繕･模様替えを除いては特に触れられてはいません。努力義務と解釈すべきでしょう。ただし、高齢化が進む築年齢の高い共同住宅では切実な問題となっています。介護保険により専有部分のバリアフリー化が定着し、駅などの公共施設は急速にバリアフリー化がすすんでいます。共同住宅の共用部分のバリアフリー化は個人の意思では解決できない問題が存在しています。

今後、高齢者･身体障害者等がより普通の生活がおくれるようになる社会を築くために、心のバリアを取除き安心して暮らせるように全員の意識がたかまる世の中になる様に願ってやみません。幸いハートビル法には、資金確保等の措置、研究開発の促進のための措置、国民の理解を深める等のための措置などが盛込まれています。また、高齢者の住み良い環境整備を推進するために、『高齢者の居住の安定確保に関する法律』も制定され、ストック部分の改善にも目が向けられるようになっています。

更には、平成13年には『高齢者が居住する住宅の設計に係る指針』が示されました。

その中で、一戸建ての住宅以外の住宅の共用部分および屋外部分に適用される指針としては

①共用階段　②共用廊下　③幅員　④エレベーター　⑤アプローチ等　⑥床の仕上げ　⑦照明設備

があります。

『高齢者が居住する住宅の設計に係る指針』を見ていただくと非常に具体的に記載されています。

以上は既存物件の共用部分バリアフリー化の基準とすべきものでしょう。

①共用階段

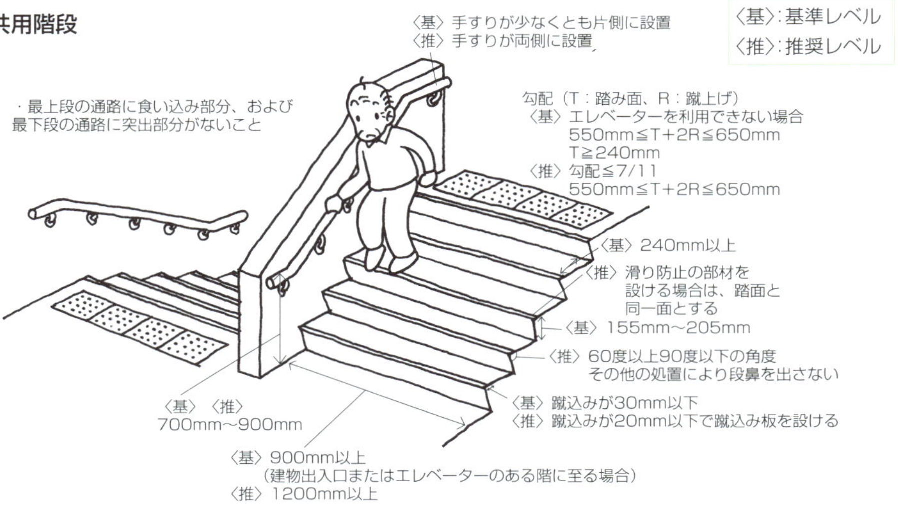

共用階段・共用廊下

①共用階段

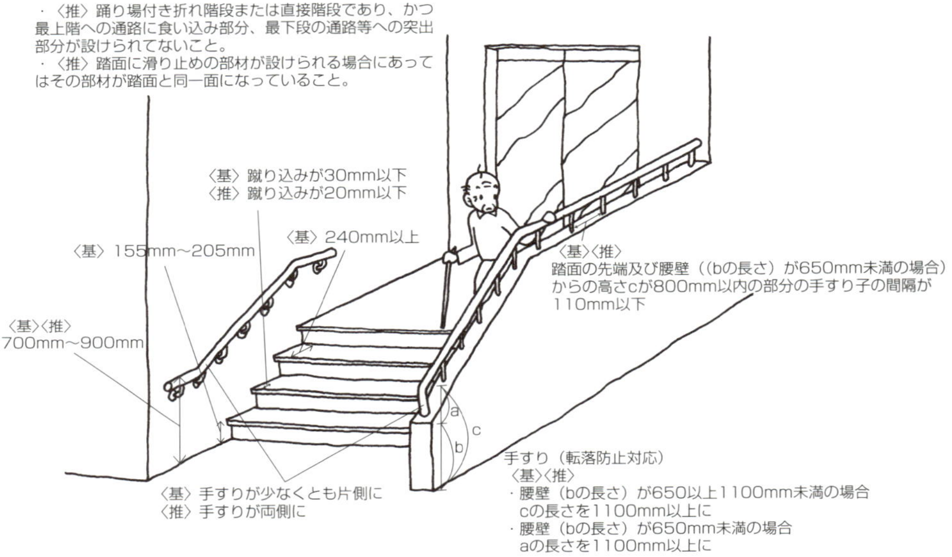
・〈推〉踊り場付き折れ階段または直接階段であり、かつ最上階への通路に食い込み部分、最下段の通路等への突出部分が設けられてないこと。
・〈推〉踏面に滑り止めの部材が設けられる場合にあってはその部材が踏面と同一面になっていること。
〈基〉蹴り込みが30mm以下
〈推〉蹴り込みが20mm以下
〈基〉240mm以上
〈基〉155mm～205mm
〈基〉〈推〉
700mm～900mm
〈基〉〈推〉
踏面の先端及び腰壁（(bの長さ）が650mm未満の場合）からの高さcが800mm以内の部分の手すり子の間隔が110mm以下
a
b
c
手すり（転落防止対応）
〈基〉〈推〉
・腰壁（bの長さ）が650以上1100mm未満の場合
cの長さを1100mm以上に
・腰壁（bの長さ）が650mm未満の場合
aの長さを1100mm以上に
〈基〉手すりが少なくとも片側に
〈推〉手すりが両側に

②共用廊下

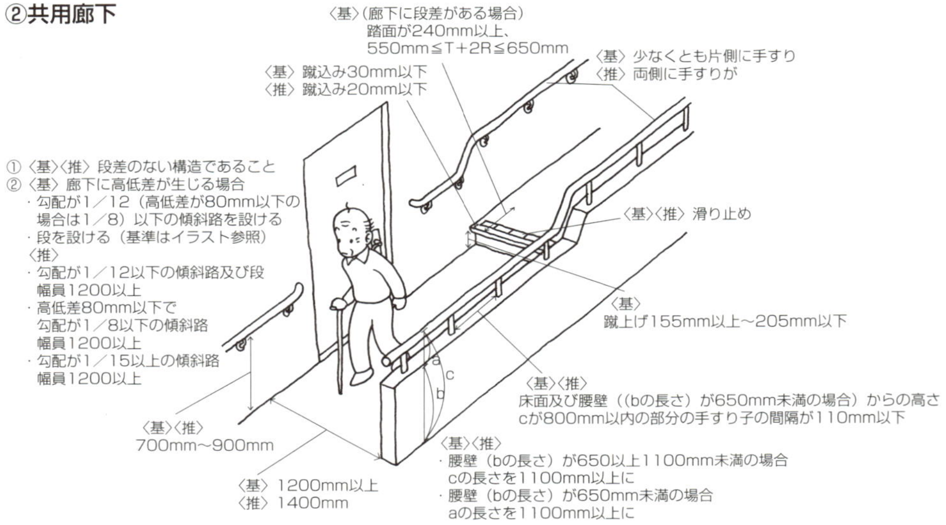
〈基〉(廊下に段差がある場合)
踏面が240mm以上、
550mm≦T+2R≦650mm
〈基〉蹴込み30mm以下
〈推〉蹴込み20mm以下
〈基〉少なくとも片側に手すり
〈推〉両側に手すりが
① 〈基〉〈推〉段差のない構造であること
② 〈基〉廊下に高低差が生じる場合
・勾配が1／12（高低差が80mm以下の場合は1／8）以下の傾斜路を設ける
・段を設ける（基準はイラスト参照）
〈推〉
・勾配が1／12以下の傾斜路及び段
幅員1200以上
・高低差80mm以下で
勾配が1／8以下の傾斜路
幅員1200以上
・勾配が1／15以上の傾斜路
幅員1200以上
〈基〉〈推〉滑り止め
〈基〉
蹴上げ155mm以上～205mm以下
a
b
c
〈基〉〈推〉
床面及び腰壁（(bの長さ）が650mm未満の場合）からの高さcが800mm以内の部分の手すり子の間隔が110mm以下
〈基〉〈推〉
700mm～900mm
〈基〉〈推〉
・腰壁（bの長さ）が650以上1100mm未満の場合
cの長さを1100mm以上に
・腰壁（bの長さ）が650mm未満の場合
aの長さを1100mm以上に
〈基〉1200mm以上
〈推〉1400mm

幅員・エレベーター

③幅員

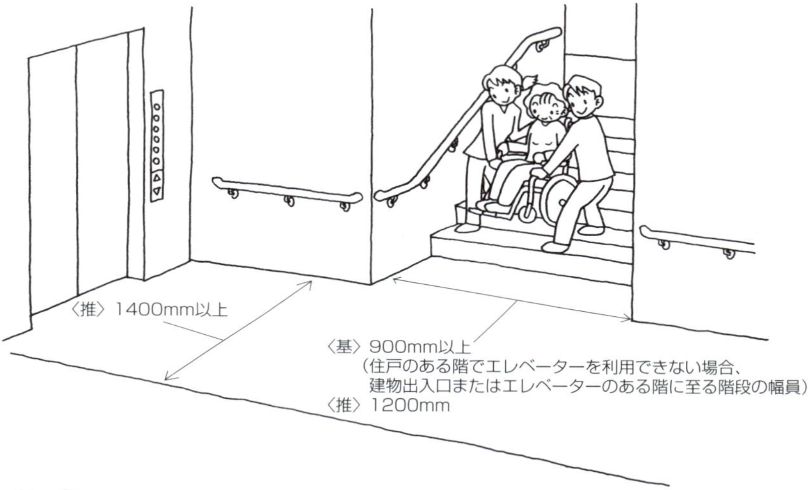
〈推〉1400mm以上
〈基〉900mm以上
（住戸のある階でエレベーターを利用できない場合、
建物出入口またはエレベーターのある階に至る階段の幅員）
〈推〉1200mm

④エレベーター

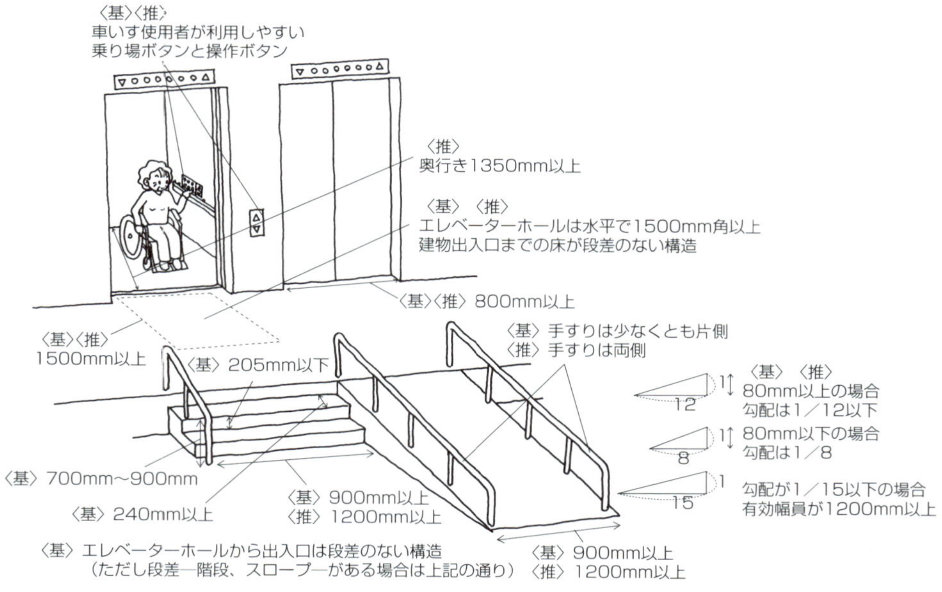
〈基〉〈推〉
車いす使用者が利用しやすい
乗り場ボタンと操作ボタン
〈推〉
奥行き1350mm以上
〈基〉〈推〉
エレベーターホールは水平で1500mm角以上
建物出入口までの床が段差のない構造
〈基〉〈推〉800mm以上
〈基〉〈推〉
1500mm以上
〈基〉手すりは少なくとも片側
〈推〉手すりは両側
〈基〉205mm以下
〈基〉〈推〉
80mm以上の場合
勾配は1／12以下
80mm以下の場合
勾配は1／8
勾配が1／15以下の場合
有効幅員が1200mm以上
12
8
15
1
1
1
〈基〉700mm～900mm
〈基〉240mm以上
〈基〉900mm以上
〈推〉1200mm以上
〈基〉エレベーターホールから出入口は段差のない構造
（ただし段差―階段、スロープ―がある場合は上記の通り）
〈基〉900mm以上
〈推〉1200mm以上

アプローチ等・床・照明

⑤アプローチ等
⑥床の仕上げ
⑦照明設備

法律を知る／高齢者が居住する住宅の設計に係る指針

部屋の配置・段差

①部屋の配置

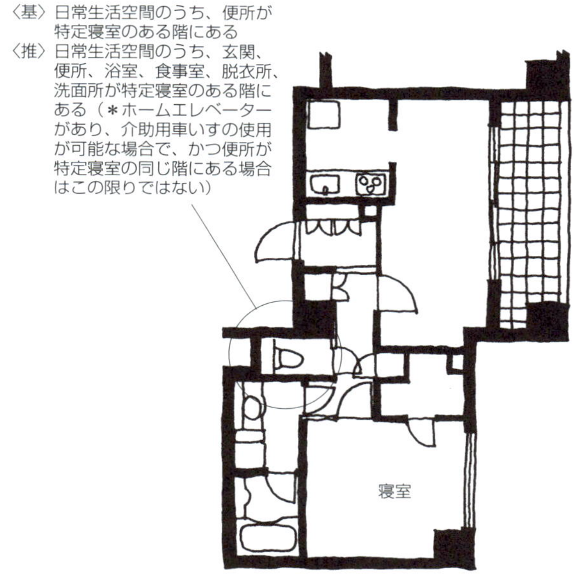
〈基〉日常生活空間のうち、便所が特定寝室のある階にある
〈推〉日常生活空間のうち、玄関、便所、浴室、食事室、脱衣所、洗面所が特定寝室のある階にある（＊ホームエレベーターがあり、介助用車いすの使用が可能な場合で、かつ便所が特定寝室の同じ階にある場合はこの限りではない）
寝室

②段差
日常生活空間内の床

〈基〉5mm以下の段差

②専有部分の法規制について

つぎに、専有部分についてはどうでしょうか。建築基準法や区分所有法および管理規約等による規制は別の項で記載します。

専有部分については、バリアフリー法規制はなじみませんが、指針としては存在します。平成13年に制定された『高齢者が居住する住宅の設計に係る指針』は高齢者が居住する住宅において、加齢等に伴って身体機能の低下が生じた場合にも高齢者がそのまま住み続けることができるよう、一般的な住宅の設計上の配慮事項を基本レベルと推奨レベルの2通りを示しています。適用対象はすべての住宅に適用する。とされています。概要は下記の通りです。

①部屋の配置
②段差
③手すり
④通路および出入口の幅員
⑤階段の勾配と形状
⑥各部の広さ等
⑦床および壁の仕上げ
⑧建具等
⑨設備
⑩温熱環境
⑪収納
⑫その他

『高齢者が居住する住宅の設計に係る指針』を見ていただくと非常に具体的に記載されています。当該者の状況に応じ、この指針に示すもの以外にも設計上の工夫が必要な場合があるのは、言うまでもありません。

段差

②段差

浴室の出入口

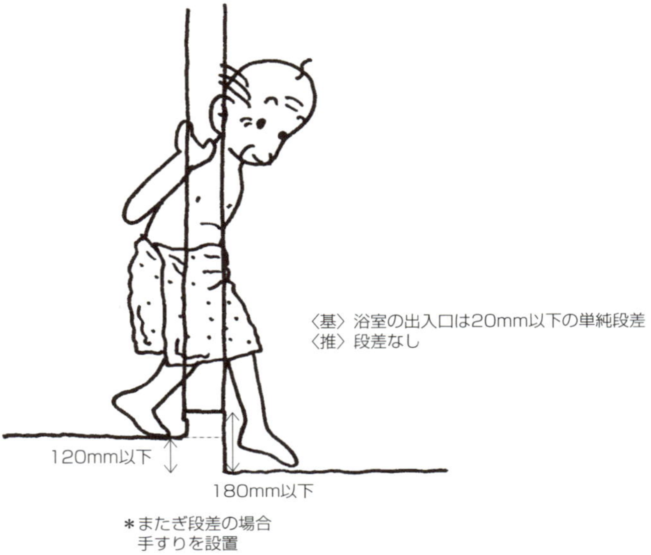

バルコニーの出入口

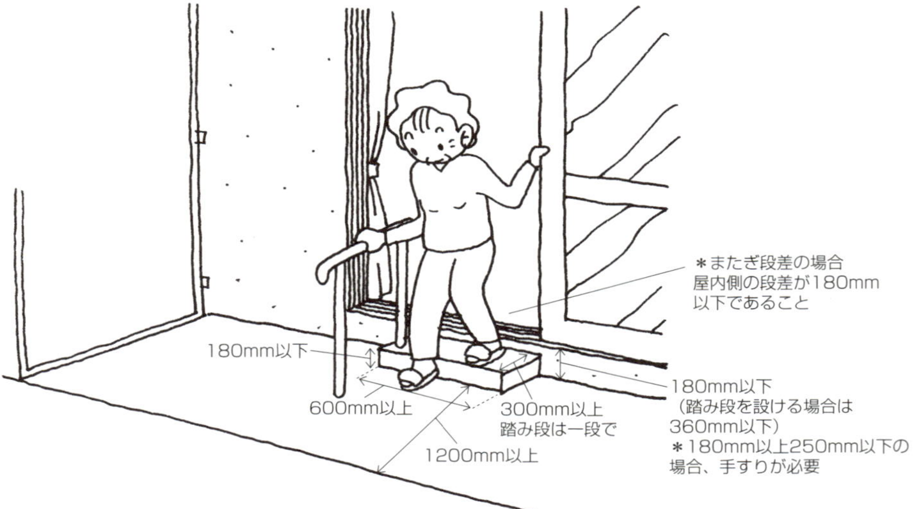

法律を知る／高齢者が居住する住宅の設計に係る指針

手すり

③手すり

階段

便所

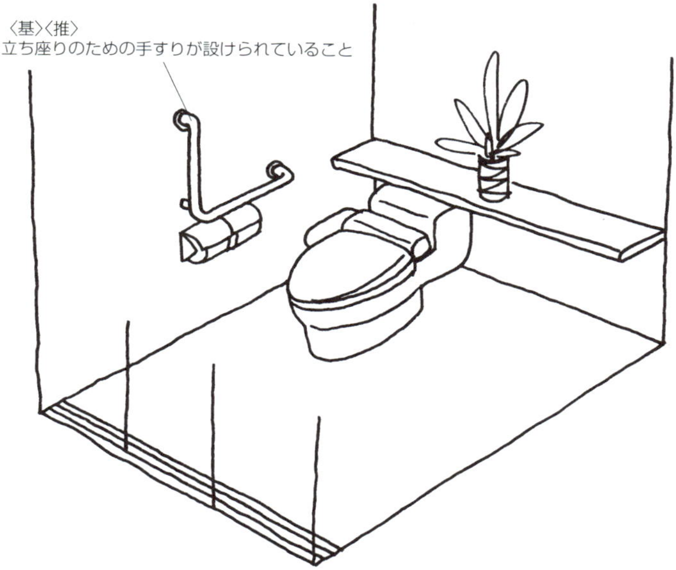

手すり

③手すり

浴室

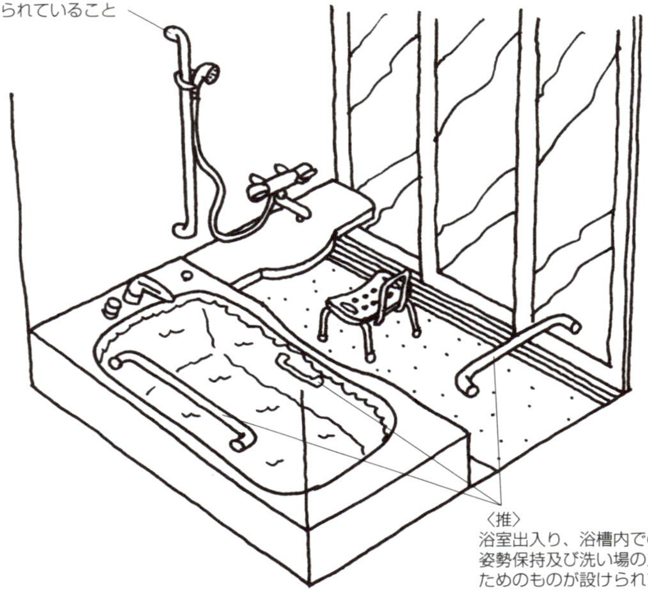

〈基〉〈推〉

浴室出入り、浴槽内での立ち座り、
姿勢保持及び洗い場の立ち座りの
ためのものが設けられていること

玄関

手すり

③手すり

脱衣室

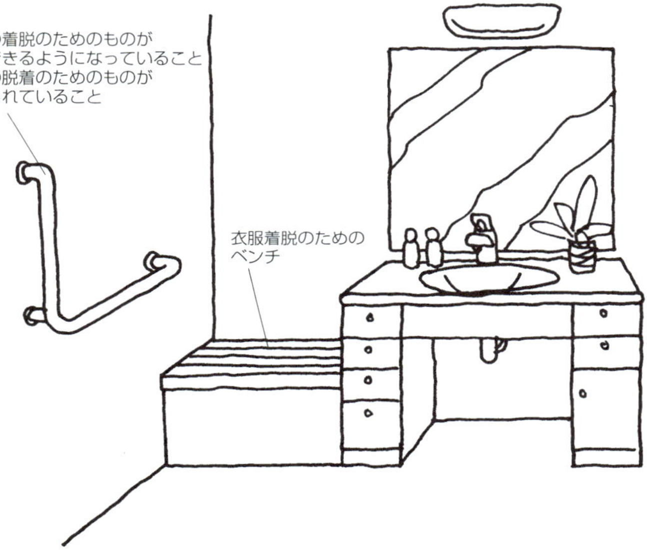

墜落・転落防止手すり

バルコニー

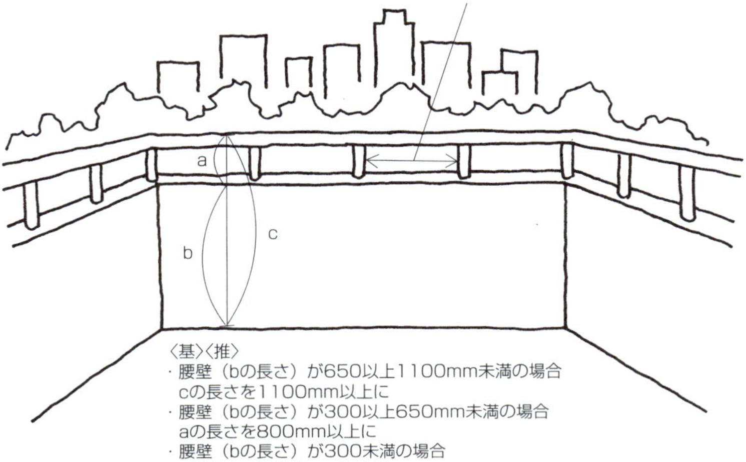

法律を知る／高齢者が居住する住宅の設計に係る指針

手すり

③手すり
2階以上の窓

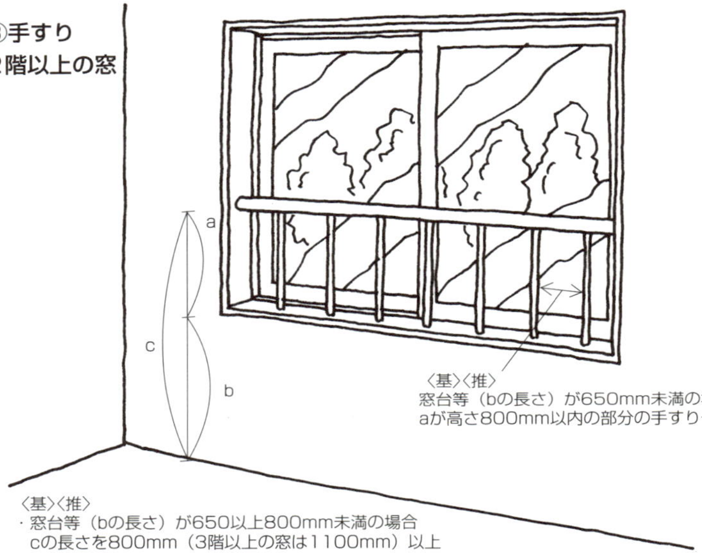

〈基〉〈推〉
窓台等（bの長さ）が650mm未満の場合
aが高さ800mm以内の部分の手すり子の間隔が110mm以下

〈基〉〈推〉
- 窓台等（bの長さ）が650以上800mm未満の場合
  cの長さを800mm（3階以上の窓は1100mm）以上
- 窓台等（bの長さ）が300以上650mm未満の場合
  aの長さを800mm以上
- 窓台等（bの長さ）が300mm未満の場合
  cの長さを1100mm以上

廊下及び階段
（開放されている側に限る）

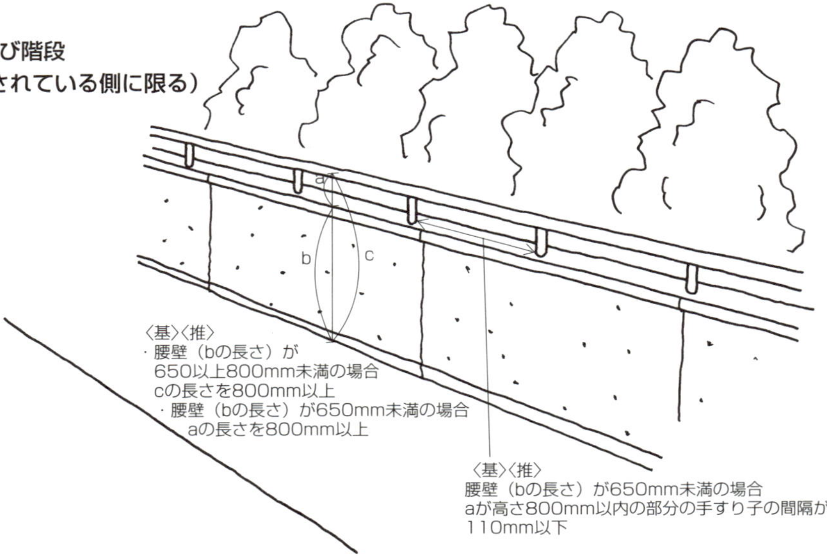

〈基〉〈推〉
- 腰壁（bの長さ）が650以上800mm未満の場合
  cの長さを800mm以上
- 腰壁（bの長さ）が650mm未満の場合
  aの長さを800mm以上

〈基〉〈推〉
腰壁（bの長さ）が650mm未満の場合
aが高さ800mm以内の部分の手すり子の間隔が110mm以下

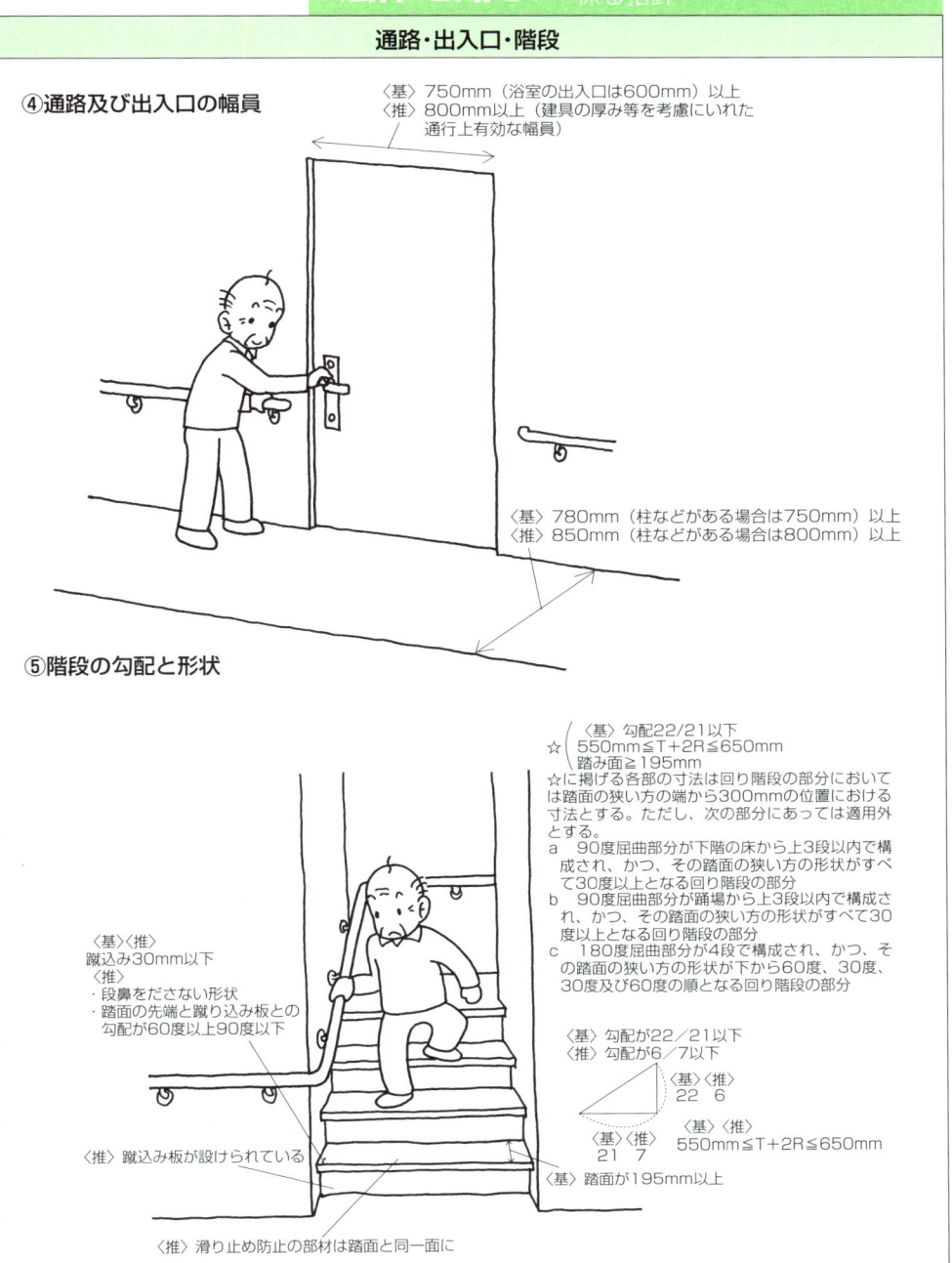

法律を知る／高齢者が居住する住宅の設計に係る指針

通路・出入口・階段

④通路及び出入口の幅員

⑤階段の勾配と形状

☆（〈基〉勾配22/21以下
550mm≦T+2R≦650mm
踏み面≧195mm）

☆に掲げる各部の寸法は回り階段の部分においては踏面の狭い方の端から300mmの位置における寸法とする。ただし、次の部分にあっては適用外とする。

a　90度屈曲部分が下階の床から上3段以内で構成され、かつ、その踏面の狭い方の形状がすべて30度以上となる回り階段の部分

b　90度屈曲部分が踊場から上3段以内で構成され、かつ、その踏面の狭い方の形状がすべて30度以上となる回り階段の部分

c　180度屈曲部分が4段で構成され、かつ、その踏面の狭い方の形状が下から60度、30度、30度及び60度の順となる回り階段の部分

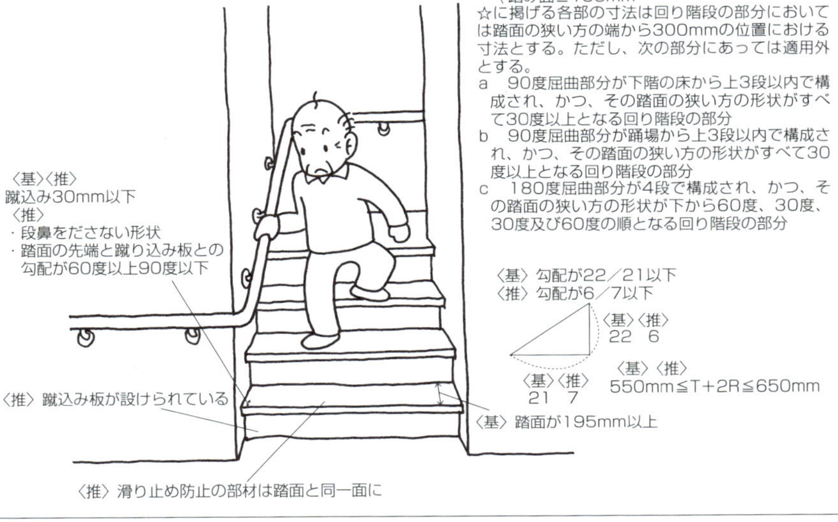

トイレ・浴室の広さ

⑥各部の広さ等

便所

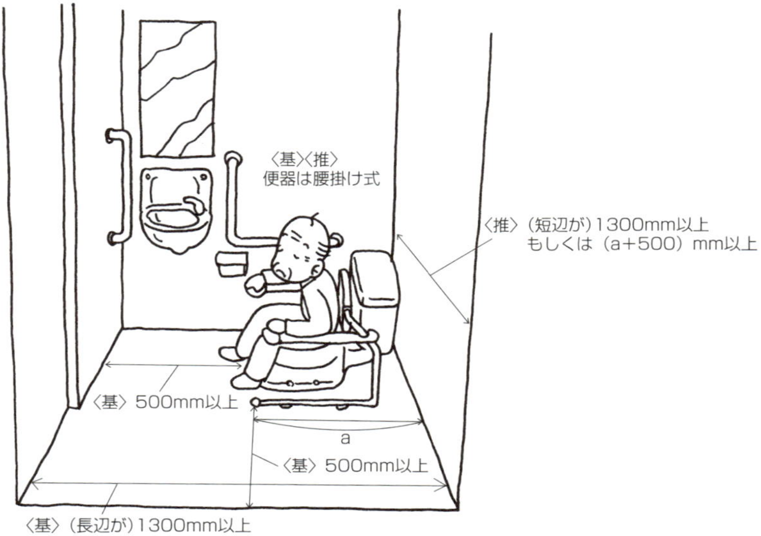

浴室

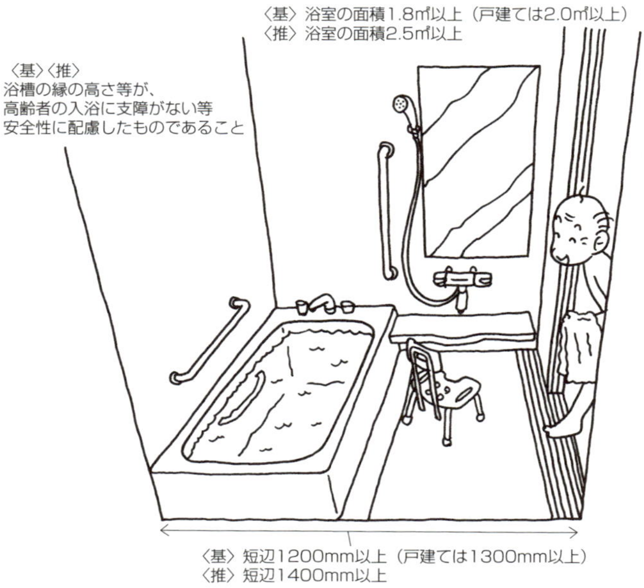

法律を知る／高齢者が居住する住宅の設計に係る指針

各部の広さ・床および壁の仕上げ・建具など

⑥各部の広さ等

特定寝室

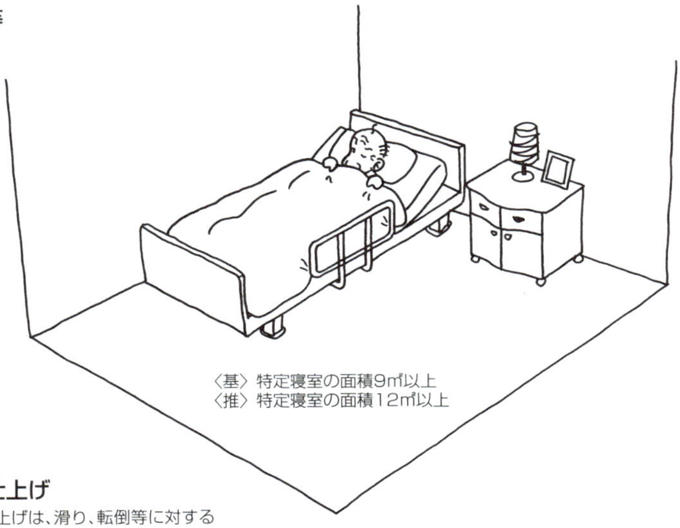
〈基〉特定寝室の面積9㎡以上
〈推〉特定寝室の面積12㎡以上

⑦床及び壁の仕上げ

住戸内の床・壁の仕上げは、滑り、転倒等に対する安全性に配慮したものであること。

⑧建具等

〈基〉〈推〉
建具が開閉しやすく、安全性に配慮したもの
取っ手、引き手及び錠が使いやすい形状のものであり
適切な位置に取り付けられている
〈推〉
建具、造り付け家具等に用いられるガラスのうち、
身体に接触する可能性のあるものが、安全ガラスである

法律を知る／高齢者が居住する住宅の設計に係る指針

設備

⑨設備

〈基〉
ガス漏れ検知器、及び火災警報機が高齢者の
使用する台所にあること
〈推〉
ガス漏れ検知器、火災警報機、ならびに
自動消火装置かスプリンクラーが高齢者の使用する
台所にあること

〈基〉〈推〉給水給湯設備、電気設備、ガス設備が
安全装置のある調理器具等で安全性に配慮したもの
操作が容易であること

〈基〉〈推〉住居内の照明設備が、安全上
必要な箇所に設置されている
十分な照度を保てること

〈基〉〈推〉
日常生活空間内の便所が、腰掛け式であること
浴槽の縁の高さ等が、高齢者の入浴に支障がなく安全性に配慮したものであること
〈推〉
火災報知器が特定寝室に設けられていること
〈推〉
通報装置が、便所、浴室及び特定寝室に設けられていること

温熱環境・収納スペース・その他

⑩温熱環境

〈基〉〈推〉
各居室等の温度差をできる限りなくすよう、断熱及び換気に配慮したものであること
居室、便所、脱衣室、浴室等の間における温度差による事故を未然に防ぐように暖冷房設備等を用いることができる構造であること

⑪収納

〈基〉〈推〉
日常使用する収納スペースが、適切な量が確保されるとともに、無理のない姿勢で出し入れできる位置に設けられていること。

⑫その他

〈基〉〈推〉
玄関が、できる限りベンチ等を設置できる空間が確保されているとともに、上がりかまちに必要に応じて式台が設けられていること。

Ⅲ法律と空間デザイン

法律を知る

―資料編―

『高齢者、身体障害者等が円滑に利用できる特定建築物の建築の促進に関する法律』

『高齢者、身体障害者等が円滑に利用できる特定建築物の建築の促進に関する法律施行令』

『高齢者、身体障害者等が円滑に利用できる特定建築物の建築の促進に関する法律施行規則』

改正ハートビル法 (出典:国土交通省)

高齢者、身体障害者等が円滑に利用できる特定建築物の建築の促進に関する法律

(平成六年六月二十九日法律第四十四号)

最終改正:平成十四年七月十二日法律第八十六号

第一章総則

(目的)

第一条この法律は、高齢者、身体障害者等が円滑に利用できる建築物の建築の促進のための措置を講ずることにより建築物の質の向上を図り、もって公共の福祉の増進に資することを目的とする。

(定義)

第二条この法律において次の各号に掲げる用語の意義は、それぞれ当該各号に定めるところによる。

一高齢者、身体障害者等高齢者で日常生活又は社会生活に身体の機能上の制限を受けるもの、身体障害者その他日常生活又は社会生活に身体の機能上の制限を受ける者をいう。

二特定建築物学校、病院、劇場、観覧場、集会場、展示場、百貨店、ホテル、事務所、共同住宅、老人ホームその他の多数の者が利用する政令で定める建築物又はその部分をいい、これらに附属する特定施設を含むものとする。

三特別特定建築物不特定かつ多数の者が利用し、又は主として高齢者、身体障害者等が利用する特定建築物で、高齢者、身体障害者等が円滑に利用できるようにすることが特に必要なものとして政令で定めるものをいう。

四特定施設出入口、廊下、階段、昇降機、便所、敷地内の通路その他の政令で定める施設をいう。

五建築建築物を新築し、増築し、又は改築することをいう。

六所管行政庁建築主事を置く市町村又は特別区の区域については当該市町村又は特別区の長をいい、その他の市町村又は特別区の区域については都道府県知事をいう。ただし、建築基準法(昭和二十五年法律第二百一号)第九十七条の二第一項又は第九十七条の三第一項の規定により建築主事を置く市町村又は特別区の区域内の政令で定める建築物については、都道府県知事とする。

第二章特定建築物の建築等における義務等

(特別特定建築物の建築等における基準適合義務等)

第三条特別特定建築物の政令で定める規模以上の建築(用途の変更をして特別特定建築物にすることを含む。以下この条において同じ。)をしようとする者は、当該特別特定建築物を、高齢者、身体障害者等が円滑に利用できるようにするために必要な政令で定める特定施設の構造及び配置に

関する基準（以下「利用円滑化基準」という。）に適合させなければならない。当該建築をした特別特定建築物の維持保全をする者についても、同様とする。

2 地方公共団体は、その地方の自然的社会的条件の特殊性により、前項の規定のみによっては、高齢者、身体障害者等が特定建築物を円滑に利用できるようにする目的を十分に達し難いと認める場合においては、特別特定建築物に条例で定める特定建築物を追加し、同項の建築の規模を条例で同項の政令で定める規模未満で別に定め、又は利用円滑化基準に条例で必要な事項を付加することができる。

3 前二項の規定は、建築基準法第六条第一項に規定する建築基準関係規定とみなす。

（特別特定建築物に対する基準適合命令等）

第四条所管行政庁は、前条第一項又は第二項の規定に違反している事実があると認めるときは、特別特定建築物（同項の条例で定める特定建築物を含む。以下この条において同じ。）の建築（用途の変更をして特別特定建築物にすることを含む。以下この条において同じ。）又は維持保全をする者に対して、相当の猶予期限を付けて、同条第一項又は第二項の規定に対する違反を是正するために必要な措置をとることを命ずることができる。

2 国、都道府県又は建築主事を置く市町村の特別特定建築物については、前項の規定は、適用しない。この場合において、所管行政庁は、国、都道府県又は建築主事を置く市町村の特別特定建築物が前条第一項又は第二項の規定に違反している事実があると認めるときは、直ちに、その旨を当該特別特定建築物を管理する機関の長に通知し、前項に規定する措置をとるべきことを要請しなければならない。

3 所管行政庁は、前二項の規定の施行に必要な限度において、政令で定めるところにより、特別特定建築物の建築若しくは維持保全をする者に対し、特別特定建築物の利用円滑化基準（前条第二項の条例で付加した事項を含む。次条において同じ。）への適合に関する事項に関し報告させ、又はその職員に、特別特定建築物若しくはその工事現場に立ち入り、特別特定建築物、建築設備、書類その他の物件を検査させることができる。

4 前項の規定により立入検査をする職員は、その身分を示す証明書を携帯し、関係人に提示しなければならない。

5 第三項の規定による立入検査の権限は、犯罪捜査のために認められたものと解釈してはならない。

（特定建築物の建築等における努力義務等）

第五条特定建築物の建築（用途の変更をして特定建築物にすることを含む。以下同じ。）をしようとする者（第三条第一項前段又は第二項の規定が適用される者を除く。）は、当該特定建築物を利用円滑化基準に適合させるために必要な措置を講ずるよう努めなければならない。

2 特定建築物の特定施設の修繕又は模様替をしようとする者（第三条第一項後段又は第二項の規定が適用される者を除く。）は、当該特定施設を利用円滑化基準に適合させるために必要な措置を講ずるよう努めなければならない。

3 所管行政庁は、特定建築物について前二項に規定する措置の適確な実施を確保するため必要があると認めるときは、前二項に規定する者に対し、利用円滑化基準を勘案して、特定建築物又はその特定施設の設計及び施工に係る事項について必要な指導及び助言をすることができる。

第三章特定建築物の建築等及び維持保全の計画の認定

（計画の認定）

第六条特定建築物の建築、修繕又は模様替（修繕又は模様替にあっては、特定施設に係るものに限る。以下「建築等」という。）をしようとする者は、国土交通省令で定めるところにより、特定建築物の建築等及び維持保全の計画を作成し、所管行政庁の認定を申請することができる。

2 前項の計画には、次に掲げる事項を記載しなければならない。

一特定建築物の位置

二特定建築物の延べ面積、構造方法及び用途並びに敷地面積

三計画に係る特定施設の構造及び配置並びに維持保全に関する事項

四特定建築物の建築等の事業に関する資金計画

五その他国土交通省令で定める事項

3 所管行政庁は、第一項の申請があった場合において、当該申請に係る特定建築物の建築等及び維持保全の計画が次に掲げる基準に適合すると認めるときは、認定（以下「計画の認定」という。）をすることができる。

一前項第三号に掲げる事項が、利用円滑化基準を超え、かつ、高齢者、身体障害者等が円滑に利用できるようにするために誘導すべき国土交通省令で定める特定施設の構造及び配置に関する基準（以下「利用円滑化誘導基準」という。）に適合すること。

二前項第四号に掲げる資金計画が、特定建築物の建築等の事業を確実に遂行するため適切なものであること。

4 計画の認定の申請をする者は、所管行政庁に対し、当該申請に併せて、建築基準法第六条第一項（同法第八十七条第一項において準用する場合を含む。第七項において同じ。）の規定による確認の申請書を提出して、当該申請に係る特定建築物の建築等の計画が同法第六条第一項の建築基準関係規定に適合する旨の建築主事の通知（第七項及び第八項において「適合通知」という。）を受けるよう申し出ることができる。

5 前項の申出を受けた所管行政庁は、速やかに当該申出に係る特定建築物の建築等の計画を建築主事に通知しなければならない。

6 建築基準法第十八条第三項の規定は、建築主事が前項の通知を受けた場合について準用する。この場合においては、建築主事は、申請に係る特定建築物の建築等の計画が第三条第一項の規定に適合するかどうかを審査することを要しないものとする。

7 所管行政庁が、適合通知を受けて計画の認定をしたときは、当該計画の認定に係る特定建築物の建築等の計画は、建築基準法第六条第一項の規定による確認済証の交付があったものとみなす。

8 建築基準法第十二条第五項、第九十三条及び第九十三条の二の規定は、建築主事が適合通知をする場合について準用する。

（計画の変更）

第七条計画の認定を受けた者（以下「認定事業者」という。）は、当該計画の認定を受けた計画の変更（国土交通省令で定める軽微な変更を除く。）をしようとするときは、所管行政庁の認定を受けなければならない。

2 前条の規定は、前項の場合について準用する。

（認定建築物の容積率の特例）

第八条建築基準法第五十二条第一項、第二項、第六項、第十一項及び第十三項、第五十二条の二第三項第二号、第五十二条の三第二項、第五十九条第一項及び第三項、第五十九条の二第一項、第六十条第一項、第六十条の二第一項及び第四項、第六十八条の三第一項、第六十八条の四、第六十八条の五（第一号イを除く。）、第六十八条の五の二第一項（第一号ロを除く。）、第六十八条の五の三（第一号ロを除く。）、第六十八条の五の四第一項第一号ロ、第六十八条の八、第六十八条の九、第八十六条第三項及び第四項、第八十六条の二第二項及び第三項、第八十六条の五第三項並びに第八十六条の六第一項に規定する建築物の容積率（同法第五十九条第一項、第六十条の二第一項及び第六十八条の九に規定するものについては、これらの規定に規定する建築物の容積率の最高限度に係る場合に限る。）の算定の基礎となる延べ面積には、同法第五十二条第三項及び第五項に定めるもののほか、計画の認定を受けた計画（第七条第一項の規定による変更の認定があったときは、その変更後のもの。第十一条において同じ。）に係る特定建築物（以下「認定建築物」という。）の特定施設の床面積のうち、通常の建築物の特定施設の床面積を超えることとなるもので政令で定める床面積は、算入しないものとする。

（表示等）

第九条認定事業者は、認定建築物の建築等をしたときは、当該認定建築物、その敷地又はその利用に関する広告その他の国土交通省令で定めるもの（次項において「広告等」という。）に、国土交通省令で定めるところにより、当該認定建築物が計画の認定を受けている旨の表示を付することができる。

2 何人も、前項の規定による場合を除くほか、建築物、その敷地又はその利用に関する広告等に、同項の表示又はこれと紛らわしい表示を付してはならない。

（報告の徴収）

第十条所管行政庁は、認定事業者に対し、認定建築物の建築等又は維持保全の状況について報告を求めることができる。

（改善命令）

第十一条所管行政庁は、認定事業者が計画の認定を受けた計画に従って認定建築物の建築等又は維持保全を行っていないと認めるときは、当該認定事業者に対し、相当の期限を定めて、その改善に必要な措置をとるべきことを命ずることができる。

（計画の認定の取消し）

第十二条所管行政庁は、認定事業者が前条の規定による処分に違反したときは、計画の認定を取り消すことができる。

（資金の確保等）

第十三条国及び地方公共団体は、認定建築物の特定施設を高齢者、身体障害者等が円滑に利用できるようにするため必要な資金の確保その他の措置を講ずるよう努めるものとする。

第四章雑則

（既存の特定建築物に設ける昇降機についての建築基準法の特例）

第十四条この法律の施行の際現に存する特定建築物に専ら車いすを使用している者の利用に供する昇降機を設置する場合において、当該昇降機が次に掲げる基準に適合し、所管行政庁が防火上及び避難上支障がないと認めたときは、当該昇降機については、建築基準法第二十七条第一項、第六十一条及び第六十二条第一項の規定は適用しない。

一昇降機及び当該昇降機の設置に係る特定建築物の主要構造部の部分の構造が国土交通省令で定める安全上及び防火上の基準に適合していること。

二昇降機の制御方法及びその作動状態の監視方法が国土交通省令で定める安全上の基準に適合していること。

2 建築基準法第九十三条第一項本文及び第二項の規定は、前項の規定により所管行政庁が防火上及び避難上支障がないと認める場合について準用する。

（高齢者、身体障害者等が円滑に利用できる建築物の容積率の特例）

第十五条特定施設（建築基準法第五十二条第五項に規定する共同住宅の共用の廊下及び階段を除く。）の床面積が高齢者、身体障害者等の円滑な利用を確保するため通常の床面積よりも著しく大きい建築物で、国土交通大臣が高齢者、身体障害者等の円滑な利用を確保する上で有効と認めて定める基準に適合するものについては、当該建築物を同条第十三項第一号に規定する建築物とみなして、同項の規定を適用する。

（研究開発の促進のための措置）

第十六条国は、高齢者、身体障害者等が円滑に利用できる建築物の建築の促進に資する技術に関する研究開発を促進するため、当該技術に関する情報の収集及び提供その他必要な措置を講ずるよう努めなければならない。

（国民の理解を深める等のための措置）

第十七条国は、教育活動、広報活動等を通じて、高齢者、身体障害者等が円滑に利用できる建築物の建築の促進に関する国民の理解を深めるとともに、その実施に関する国民の協力を求めるよう努めなければならない。

（地方公共団体の責務）

第十八条地方公共団体は、国の施策に準じて高齢者、身体障害者等が円滑に利用できる建築物の建築を促進するよう努めなければならない。

第五章罰則

第十九条第四条第一項の規定による命令に違反した者は、百万円以下の罰金に処する。

第二十条次の各号のいずれかに該当する者は、三十万円以下の罰金に処する。

一第四条第三項の規定による報告をせず、若しくは虚偽の報告をし、又は同項の規定による検査を拒み、妨げ、若しくは忌避した者

二第九条第二項の規定に違反した者

第二十一条第十条の規定による報告をせず、又は虚偽の報告をした者は、二十万円以下の罰金に処する。

第二十二条法人の代表者又は法人若しくは人の代理人、使用人その他の従業者が、その法人又は人の業務に関し、前三条の違反行為をしたときは、行為者を罰するほか、その法人又は人に対しても

各本条の刑を科する。

附則（平成十四年七月十二日法律第八十六号）抄

（施行期日）

第一条この法律は、公布の日から起算して一年を超えない範囲内において政令で定める日から施行する。

（経過措置）

第二条この法律の施行の際現にこの法律による改正後の高齢者、身体障害者等が円滑に利用できる特定建築物の建築の促進に関する法律（以下「新法」という。）第三条第一項の政令で定める規模（同条第二項の条例で別に定める規模を含む。）以上の建築（第三項において単に「建築」という。）又は修繕若しくは模様替の工事中の特別特定建築物（同条第二項の条例で定める特定建築物を含む。第三項において同じ。）については、同条第一項及び第二項の規定は、適用しない。

2 この法律の施行の際現に存する特別特定建築物で、政令で指定する類似の用途相互間における用途の変更をするものについては、新法第三条第一項の規定は、適用しない。

3 新法第四条の規定は、この法律の施行後（第一項に規定する特別特定建築物については、同項に規定する工事が完了した後）に建築（用途の変更をして特別特定建築物にすることを含む。以下この項において同じ。）をした特別特定建築物について適用し、この法律の施行前に建築をした特別特定建築物については、なお従前の例による。

4 新法第六条及び第七条の規定は、この法律の施行後に新法第六条第一項又は第七条第一項の規定により申請があった認定の手続について適用し、この法律の施行前にこの法律による改正前の高齢者、身体障害者等が円滑に利用できる特定建築物の建築の促進に関する法律（以下「旧法」という。）

第五条第一項又は第六条第一項の規定により申請があった認定の手続については、なお従前の例による。

5 この法律の施行前にされた旧法第五条第三項又は第六条第一項の規定による認定及び前項の規定によりなお従前の例によることとされる場合における認定は、新法第六条第三項又は第七条第一項の規定によりされた認定とみなす。

6 この法律の施行前にした行為に対する罰則の適用については、なお従前の例による。

高齢者、身体障害者等が円滑に利用できる特定建築物の建築の促進に関する法律施行令

（平成六年九月二十六日政令第三百十一号）

最終改正：平成十五年一月二十二日政令第九号

（特定建築物）

第一条高齢者、身体障害者等が円滑に利用できる特定建築物の建築の促進に関する法律（以「法」という。）第二条第二号の政令で定める建築物は、次に掲げるもの（建築基準法（昭和二十五年法律第二百一号）第三条第一項に規定するもの及び文化財保護法（昭和二十五年法律第二百十四号）第八十三条の三第一項又は第二項の伝統的建造物群保存地区内における同法第二条第一項第五号の伝統的建造物群を構成しているものを除く。）とする。

一学校

二病院又は診療所

三劇場、観覧場、映画館又は演芸場

四集会場又は公会堂

五展示場

六卸売市場又は百貨店、マーケットその他の物品販売業を営む店舗

七ホテル又は旅館

八事務所

九共同住宅、寄宿舎又は下宿

十老人ホーム、保育所、身体障害者福祉ホームその他これらに類するもの

十一老人福祉センター、児童厚生施設、身体障害者福祉センターその他これらに類するもの

十二体育館、水泳場、ボーリング場その他これらに類する運動施設又は遊技場

十三博物館、美術館又は図書館

十四公衆浴場

十五飲食店又はキャバレー、料理店、ナイトクラブ、ダンスホールその他これらに類するもの

十六郵便局又は理髪店、クリーニング取次店、質屋、貸衣装屋、銀行その他これらに類するサービス業を営む店舗

十七自動車教習所又は学習塾、華道教室、囲碁教室その他これらに類するもの

十八工場

十九車両の停車場又は船舶若しくは航空機の発着場を構成する建築物で旅客の乗降又は待合いの用に供するもの

二十自動車の停留又は駐車のための施設

二十一公衆便所

（特別特定建築物）

第二条法第二条第三号の政令で定める特定建築物は、次に掲げるものとする。

一盲学校、聾学校又は養護学校

二病院又は診療所

三劇場、観覧場、映画館又は演芸場

四集会場又は公会堂
五展示場
六百貨店、マーケットその他の物品販売業を営む店舗
七ホテル又は旅館
八保健所、税務署その他不特定かつ多数の者が利用する官公署
九老人ホーム、身体障害者福祉ホームその他これらに類するもの（主として高齢者、身体障害者等が利用するものに限る。）
十老人福祉センター、児童厚生施設、身体障害者福祉センターその他これらに類するもの
十一体育館（一般公共の用に供されるものに限る。）、水泳場（一般公共の用に供されるものに限る。）若しくはボーリング場又は遊技場
十二博物館、美術館又は図書館
十三公衆浴場
十四飲食店
十五郵便局又は理髪店、クリーニング取次店、質屋、貸衣装屋、銀行その他これらに類するサービス業を営む店舗
十六車両の停車場又は船舶若しくは航空機の発着場を構成する建築物で旅客の乗降又は待合いの用に供するもの
十七自動車の停留又は駐車のための施設（一般公共の用に供されるものに限る。）
十八公衆便所
（特定施設）
第三条法第二条第四号の政令で定める施設は、次に掲げるものとする。
一出入口
二廊下その他これに類するもの（以下「廊下等」という。）
三階段（その踊場を含む。以下同じ。）
四傾斜路（その踊場を含む。以下同じ。）
五昇降機
六便所
七敷地内の通路
八駐車場
九その他国土交通省令で定める施設
（都道府県知事が所管行政庁となる建築物）
第四条法第二条第六号の政令で定める建築物のうち建築基準法第九十七条の二第一項の規定により建築主事を置く市町村の区域内のものは、同法第六条第一項第四号に掲げる建築物（その新築、改築、増築、移転又は用途の変更に関して、法律並びにこれに基づく命令及び条例の規定により都道府県知事の許可を必要とするものを除く。）以外の建築物とする。
2法第二条第六号の政令で定める建築物のうち建築基準法第九十七条の三第一項の規定により建築主事を置く特別区の区域内のものは、次に掲げる建築物（第二号に掲げる建築物にあっては、地

方自治法（昭和二十二年法律第六十七号）第二百五十二条の十七の二第一項の規定により同号に規定する処分に関する事務を特別区が処理することとされた場合における当該建築物を除く。）とする。

一延べ面積（建築基準法施行令（昭和二十五年政令第三百三十八号）第二条第一項第四号の延べ面積をいう。以下同じ。）が一万平方メートルを超える建築物

二その新築、改築、増築、移転又は用途の変更に関して、建築基準法第五十一条（同法第八十七条第二項及び第三項において準用する場合を含み、市町村都市計画審議会が置かれている特別区にあっては、卸売市場に係る部分に限る。）並びに同法以外の法律並びにこれに基づく命令及び条例の規定により都知事の許可を必要とする建築物

（基準適合義務の対象となる特別特定建築物の規模）

第五条法第三条第一項の政令で定める規模は、床面積（増築若しくは改築又は用途の変更の場合にあっては、当該増築若しくは改築又は用途の変更に係る部分の床面積）の合計二千平方メートルとする。

（利用円滑化基準）

第六条法第三条第一項の政令で定める特定施設の構造及び配置に関する基準は、次条から第十六条までに定めるところによる。

（廊下等）

第七条不特定かつ多数の者が利用し、又は主として高齢者、身体障害者等が利用する廊下等は、次に掲げるものでなければならない。

一表面は、粗面とし、又は滑りにくい材料で仕上げること。

二階段又は傾斜路（階段に代わり、又はこれに併設するものに限る。）の上端に近接する廊下等の部分（不特定かつ多数の者が利用し、又は主として視覚障害者が利用するものに限る。）には、視覚障害者に対し段差又は傾斜の存在の警告を行うために床面に敷設されるブロックその他これに類するものであって、点状の突起が設けられており、かつ、周囲の床面との色の明度の差が大きいこと等により容易に識別できるもの（以下「点状ブロック等」という。）を敷設すること。ただし、視覚障害者の利用上支障がないものとして国土交通大臣が定める場合は、この限りでない。

（階段）

第八条不特定かつ多数の者が利用し、又は主として高齢者、身体障害者等が利用する階段は、次に掲げるものでなければならない。

一踊場を除き、手すりを設けること。

二表面は、粗面とし、又は滑りにくい材料で仕上げること。

三踏面の端部とその周囲の部分との色の明度の差が大きいこと等により段を容易に識別できるものとすること。

四段鼻の突き出しがないこと等によりつまずきにくい構造とすること。

五段がある部分の上端に近接する踊場の部分（不特定かつ多数の者が利用し、又は主として視覚障害者が利用するものに限る。）には、点状ブロック等を敷設すること。ただし、視覚障害者の利

用上支障がないものとして国土交通大臣が定める場合は、この限りでない。

六主たる階段は、回り階段でないこと。ただし、回り階段以外の階段を設ける空間を確保することが困難であるときは、この限りでない。

(階段に代わり、又はこれに併設する傾斜路)

第九条不特定かつ多数の者が利用し、又は主として高齢者、身体障害者等が利用する傾斜路(階段に代わり、又はこれに併設するものに限る。)は、次に掲げるものでなければならない。

一勾配が十二分の一を超え、又は高さが十六センチメートルを超える傾斜がある部分には、手すりを設けること。

二表面は、粗面とし、又は滑りにくい材料で仕上げること。

三その前後の廊下等との色の明度の差が大きいこと等によりその存在を容易に識別できるものとすること。

四傾斜がある部分の上端に近接する踊場の部分(不特定かつ多数の者が利用し、又は主として視覚障害者が利用するものに限る。)には、点状ブロック等を敷設すること。ただし、視覚障害者の利用上支障がないものとして国土交通大臣が定める場合は、この限りでない。

(便所)

第十条不特定かつ多数の者が利用し、又は主として高齢者、身体障害者等が利用する便所を設ける場合には、そのうち一以上は、次に掲げるものでなければならない。

一便所(男子用及び女子用の区別があるときは、それぞれの便所)内に、車いすを使用している者(以下「車いす使用者」という。)が円滑に利用することができるものとして国土交通大臣が定める構造の便房(以下「車いす使用者用便房」という。)を一以上設けること。

二車いす使用者用便房が設けられている便所の出入口又はその付近に、その旨を表示した標識を掲示すること。

2 不特定かつ多数の者が利用し、又は主として高齢者、身体障害者等が利用する男子用小便器のある便所を設ける場合には、そのうち一以上に、床置式の小便器その他これに類する小便器を一以上設けなければならない。

(敷地内の通路)

第十一条不特定かつ多数の者が利用し、又は主として高齢者、身体障害者等が利用する敷地内の通路は、次に掲げるものでなければならない。

一表面は、粗面とし、又は滑りにくい材料で仕上げること。

二段がある部分は、次に掲げるものであること。

イ手すりを設けること。

ロ踏面の端部とその周囲の部分との色の明度の差が大きいこと等により段を容易に識別できるものとすること。

ハ段鼻の突き出しがないこと等によりつまずきにくい構造とすること。

三傾斜路は、次に掲げるものであること。

イ勾配が十二分の一を超え、又は高さが十六センチメートルを超え、かつ、勾配が二十分の一を超える傾斜がある部分には、手すりを設けること。

ロその前後の通路との色の明度の差が大きいこと等によりその存在を容易に識別できるものとすること。

(駐車場)

第十二条不特定かつ多数の者が利用し、又は主として高齢者、身体障害者等が利用する駐車場を設ける場合には、そのうち一以上に、車いす使用者が円滑に利用することができる駐車施設(以下「車いす使用者用駐車施設」という。)を一以上設けなければならない。

2車いす使用者用駐車施設は、次に掲げるものでなければならない。

一幅は、三百五十センチメートル以上とすること。

二車いす使用者用駐車施設又はその付近に、車いす使用者用駐車施設の表示をすること。

三次条第一項第三号に定める経路の長さができるだけ短くなる位置に設けること。

(利用円滑化経路)

第十三条次に掲げる場合には、それぞれ当該各号に定める経路のうち一以上を、高齢者、身体障害者等が円滑に利用できる経路(以下「利用円滑化経路」という。)にしなければならない。

一建築物に、不特定かつ多数の者が利用し、又は主として高齢者、身体障害者等が利用する居室

(直接地上へ通ずる出入口のある階(以下この条において「地上階」という。)又はその直上階若しくは直下階のみに居室がある建築物にあっては、地上階にあるものに限る。以下「利用居室」という。)を設ける場合道又は公園、広場その他の空地(以下「道等」という。)から当該利用居室までの経路

二建築物又はその敷地に車いす使用者用便房を設ける場合利用居室(当該建築物に利用居室が設けられていないときは、道等。次号において同じ。)から当該車いす使用者用便房までの経路

三建築物又はその敷地に車いす使用者用駐車施設を設ける場合当該車いす使用者用駐車施設から利用居室までの経路

2利用円滑化経路は、次に掲げるものでなければならない。

一当該利用円滑化経路上に階段又は段を設けないこと。ただし、傾斜路又は昇降機を併設する場合は、この限りでない。

二当該利用円滑化経路を構成する出入口は、次に掲げるものであること。

イ幅は、八十センチメートル以上とすること。

ロ戸を設ける場合には、自動的に開閉する構造その他の車いす使用者が容易に開閉して通過できる構造とし、かつ、その前後に高低差がないこと。

三当該利用円滑化経路を構成する廊下等は、第七条の規定によるほか、次に掲げるものであること。

イ幅は、百二十センチメートル以上とすること。

ロ五十メートル以内ごとに車いすの転回に支障がない場所を設けること。

ハ戸を設ける場合には、自動的に開閉する構造その他の車いす使用者が容易に開閉して通過できる構造とし、かつ、その前後に高低差がないこと。

四当該利用円滑化経路を構成する傾斜路(階段に代わり、又はこれに併設するものに限る。)は、第九条の規定によるほか、次に掲げるものであること。

イ幅は、階段に代わるものにあっては百二十センチメートル以上、階段に併設するものにあっては九十センチメートル以上とすること。

ロ勾配は、十二分の一を超えないこと。ただし、高さが十六センチメートル以下のものにあっては、八分の一を超えないこと。

ハ高さが七十五センチメートルを超えるものにあっては、高さ七十五センチメートル以内ごとに踏幅が百五十センチメートル以上の踊場を設けること。

五当該利用円滑化経路を構成する昇降機(次号に規定するものを除く。以下この号において同じ。)及びその乗降ロビーは、次に掲げるものであること。

イかご(人を乗せ昇降する部分をいう。以下この号において同じ。)は、利用居室、車いす使用者用便房又は車いす使用者用駐車施設がある階及び地上階に停止すること。

ロかご及び昇降路の出入口の幅は、八十センチメートル以上とすること。

ハかごの奥行きは、百三十五センチメートル以上とすること。

ニ乗降ロビーは、高低差がないものとし、その幅及び奥行きは、百五十センチメートル以上とすること。

ホかご内及び乗降ロビーには、車いす使用者が利用しやすい位置に制御装置を設けること。

ヘかご内に、かごが停止する予定の階及びかごの現在位置を表示する装置を設けること。

ト乗降ロビーに、到着するかごの昇降方向を表示する装置を設けること。

チ不特定かつ多数の者が利用する建築物(法第三条第二項の規定により条例で同条第一項の規模を別に定めたときは、床面積の合計が二千平方メートル以上の建築物に限る。)の利用円滑化経路を構成する昇降機にあっては、イからハまで、ホ及びヘに定めるもののほか、次に掲げるものであること。

(1) かごの床面積は、一・八三平方メートル以上とすること。

(2) かごは、車いすの転回に支障がない構造とすること。

リ不特定かつ多数の者が利用し、又は主として視覚障害者が利用する昇降機及び乗降ロビーにあっては、イからチまでに定めるもののほか、次に掲げるものであること。ただし、視覚障害者の利用上支障がないものとして国土交通大臣が定める場合は、この限りでない。

(1) かご内に、かごが到着する階並びにかご及び昇降路の出入口の戸の閉鎖を音声により知らせる装置を設けること。

(2) かご内及び乗降ロビーに設ける制御装置(車いす使用者が利用しやすい位置及びその他の位置に制御装置を設ける場合にあっては、当該その他の位置に設けるものに限る。)は、点字により表示する等視覚障害者が円滑に操作することができる構造とすること。

(3) かご内又は乗降ロビーに、到着するかごの昇降方向を音声により知らせる装置を設けること。

六当該利用円滑化経路を構成する特殊な構造又は使用形態の昇降機は、車いす使用者が円滑に利用することができるものとして国土交通大臣が定める構造とすること。

七当該利用円滑化経路を構成する敷地内の通路は、第十一条の規定によるほか、次に掲げるものであること。

イ幅は、百二十センチメートル以上とすること。

ロ五十メートル以内ごとに車いすの転回に支障がない場所を設けること。

ハ戸を設ける場合には、自動的に開閉する構造その他の車いす使用者が容易に開閉して通過できる構造とし、かつ、その前後に高低差がないこと。

ニ傾斜路は、次に掲げるものであること。

(1) 幅は、段に代わるものにあっては百二十センチメートル以上、段に併設するものにあっては九十センチメートル以上とすること。

(2) 勾配は、十二分の一を超えないこと。ただし、高さが十六センチメートル以下のものにあっては、八分の一を超えないこと。

(3) 高さが七十五センチメートルを超えるもの(勾配が二十分の一を超えるものに限る。)にあっては、高さ七十五センチメートル以内ごとに踏幅が百五十センチメートル以上の踊場を設けること。

3 第一項第一号に定める経路を構成する敷地内の通路が地形の特殊性により前項第七号の規定によることが困難である場合における前二項の規定の適用については、第一項第一号中「道又は公園、広場その他の空地(以下「道等」という。)」とあるのは、「当該建築物の車寄せ」とする。

(案内設備までの経路)

第十四条建築物又はその敷地に当該建築物の案内設備を設ける場合は、道等から当該案内設備までの経路(不特定かつ多数の者が利用し、又は主として視覚障害者が利用するものに限る。)のうち一以上を、視覚障害者が円滑に利用できる経路(以下「視覚障害者利用円滑化経路」という。)にしなければならない。ただし、視覚障害者の利用上支障がないものとして国土交通大臣が定める場合は、この限りでない。

2 視覚障害者利用円滑化経路は、次に掲げるものでなければならない。

一当該視覚障害者利用円滑化経路に、線状ブロック等(視覚障害者の誘導を行うために床面に敷設されるブロックその他これに類するものであって、線状の突起が設けられており、かつ、周囲の床面との色の明度の差が大きいこと等により容易に識別できるものをいう。)及び点状ブロック等を適切に組み合わせて敷設し、又は音声その他の方法により視覚障害者を誘導する設備を設けること。ただし、進行方向を変更する必要がない風除室内においては、この限りでない。

二当該視覚障害者利用円滑化経路を構成する敷地内の通路の次に掲げる部分には、点状ブロック等を敷設すること。

イ車路に近接する部分

ロ段がある部分又は傾斜がある部分の上端に近接する部分(視覚障害者の利用上支障がないものとして国土交通大臣が定める部分を除く。)

(増築等に関する適用範囲)

第十五条建築物の増築又は改築(用途の変更をして特別特定建築物にすることを含む。以下この条において「増築等」という。)をする場合には、第七条から前条までの規定は、次に掲げる建築物の部分に限り、適用する。

一当該増築等に係る部分

二道等から前号に掲げる部分にある利用居室までの一以上の経路を構成する出入口、廊下等、階

段、傾斜路、昇降機及び敷地内の通路
三不特定かつ多数の者が利用し、又は主として高齢者、身体障害者等が利用する便所
四第一号に掲げる部分にある利用居室（当該部分に利用居室が設けられていないときは、道等。第六号において同じ。）から車いす使用者用便房（前号に掲げる便所に設けられるものに限る。）までの一以上の経路を構成する出入口、廊下等、階段、傾斜路、昇降機及び敷地内の通路
五不特定かつ多数の者が利用し、又は主として高齢者、身体障害者等が利用する駐車場
六車いす使用者用駐車施設（前号に掲げる駐車場に設けられるものに限る。）から第一号に掲げる部分にある利用居室までの一以上の経路を構成する出入口、廊下等、階段、傾斜路、昇降機及び敷地内の通路
（条例で定める特定建築物に関する読替え）
第十六条法第三条第二項の規定により特別特定建築物に条例で定める特定建築物を追加した場合における第七条から前条までの規定の適用については、これらの規定中「不特定かつ多数の者が利用し、又は主として高齢者、身体障害者等が利用する」とあるのは「多数の者が利用する」と、同条中「特別特定建築物」とあるのは「法第三条第二項の条例で定める特定建築物」とする。
（報告及び立入検査）
第十七条所管行政庁は、法第四条第三項の規定により、法第三条第一項の政令で定める規模（同条第二項の条例で別に定める規模を含む。次項において同じ。）以上の特別特定建築物（同条第二項の条例で定める特定建築物を含む。以下この条において同じ。）の建築（用途の変更をして特別特定建築物にすることを含む。）又は維持保全をする者に対し、当該特別特定建築物につき、当該特別特定建築物の利用円滑化基準（同条第二項の条例で付加した事項を含む。）への適合に関する事項に関し報告させることができる。
2所管行政庁は、法第四条第三項の規定により、その職員に、法第三条第一項の政令で定める規模以上の特別特定建築物又はその工事現場に立ち入り、当該特別特定建築物の特定施設及びこれに使用する建築材料並びに設計図書その他の関係書類を検査させることができる。
（認定建築物の容積率の特例）
第十八条法第八条の政令で定める床面積は、認定建築物の延べ面積の十分の一を限度として、当該認定建築物の特定施設の床面積のうち、通常の建築物の特定施設の床面積を超えることとなるものとして国土交通大臣が定めるものとする。
附則（平成十五年一月二十二日政令第九号）抄
（施行期日）
第一条この政令は、高齢者、身体障害者等が円滑に利用できる特定建築物の建築の促進に関する法律の一部を改正する法律（以下「改正法」という。）の施行の日（平成十五年四月一日）から施行する。
（類似の用途)
第二条改正法附則第二条第二項の政令で指定する類似の用途は、当該特別特定建築物が次の各号のいずれかに掲げる用途である場合において、それぞれ当該各号に掲げる他の用途とする。
一病院又は診療所（患者の収容施設があるものに限る。）

二劇場、映画館又は演芸場
三集会場又は公会堂
四百貨店、マーケットその他の物品販売業を営む店舗
五ホテル又は旅館
六老人ホーム、身体障害者福祉ホームその他これらに類するもの(主として高齢者、身体障害者等が利用するものに限る。)
七老人福祉センター、児童厚生施設、身体障害者福祉センターその他これらに類するもの
八博物館、美術館又は図書館

高齢者、身体障害者等が円滑に利用できる特定建築物の建築の促進に関する法律施行規則

（平成六年建設省令第二十六号）

最終改正：平成十五年三月二十五日

（特定施設）

第一条　高齢者、身体障害者等が円滑に利用できる特定建築物の建築の促進に関する法律施行令（以下「令」という。）第三条第九号の国土交通省令で定める施設は、浴室又はシャワー室（以下「浴室等」という。）とする。

（身分証明書の様式）

第二条　高齢者、身体障害者等が円滑に利用できる特定建築物の建築の促進に関する法律（以下「法」という。）第四条第四項の規定により立入検査をする職員の携帯する身分証明書の様式は、別記第一号様式によるものとする。

（計画の認定の申請）

第三条　法第六条第一項の規定により認定の申請をしようとする者は、別記第二号様式による申請書の正本及び副本に、それぞれ次の表に掲げる図書を添えて、これらを所管行政庁に提出するものとする。

図書の種類

明示すべき事項

付近見取図

方位、道路及び目標となる地物

配置図

縮尺、方位、敷地の境界線、土地の高低、敷地の接する道等の位置、特定建築物及びその出入口の位置、特殊な構造又は使用形態の昇降機の位置、敷地内の通路の位置及び幅（当該通路が段又は傾斜路若しくはその踊場を有する場合にあっては、それらの位置及び幅を含む。）、敷地内の通路に設けられる手すり並びに令第七条第二号に規定する点状ブロック等（以下単に「点状ブロック等」という。）及び令第十四条第二項第一号に規定する線状ブロック等（以下単に「線状ブロック等」という。）の位置、敷地内の車路及び車寄せの位置、駐車場の位置、車いす使用者用駐車施設の位置及び幅並びに案内設備の位置

各階平面図

縮尺、方位、間取、各室の用途、床の高低、特定建築物の出入口及び各室の出入口の位置及び幅、出入口に設けられる戸の開閉の方法、廊下等の位置及び幅、廊下等に設けられる点状ブロック等及び線状ブロック等、高齢者、身体障害者等の休憩の用に供する設備並びに突出物の位置、階段の位置、幅及び形状（当該階段が踊場を有する場合にあっては、踊場の位置及び幅を含む。）、階段に設けられる手すり及び点状ブロック等の位置、傾斜路の位置及び幅（当該傾斜路が踊場を有する場

合にあっては、踊場の位置及び幅を含む。)、傾斜路に設けられる手すり及び点状ブロック等の位置、昇降機の位置、車いす使用者用便房のある便所、腰掛便座及び手すりの設けられた便房(車いす使用者用便房を除く。以下この条において同じ。)のある便所、床置式の小便器その他これに類する小便器のある便所及びこれら以外の便所の位置、駐車場の位置、車いす使用者用駐車施設の位置及び幅、第十七条第一号に規定する車いす使用者用浴室等の位置、第十八条第一項に規定する車いす使用者用客室の位置並びに案内設備の位置

縦断面図

階段又は段

縮尺並びにけあげ及び踏面の構造及び寸法

傾斜路

縮尺、高さ、長さ及び踊場の踏幅

構造詳細図

昇降機

縮尺並びにかご(人を乗せ昇降する部分をいう。以下同じ。)、昇降路及び乗降ロビーの構造(かご内に設けられるかごの停止する予定の階を表示する装置、かごの現在位置を表示する装置及び乗降ロビーに設けられる到着するかごの昇降方向を表示する装置の位置並びにかご内及び乗降ロビーに設けられる制御装置の位置及び構造を含む。)

便所

縮尺、車いす使用者用便房のある便所の構造、車いす使用者用便房並びに腰掛便座及び手すりの設けられた便房の構造並びに床置式の小便器その他これに類する小便器の構造

浴室等

縮尺及び第十七条第一号に規定する車いす使用者用浴室等の構造

(計画の記載事項)

第四条　法第六条第二項第五号の国土交通省令で定める事項は、特定建築物の建築等の事業の実施時期とする。

(認定通知書の様式)

第五条　所管行政庁は、法第六条第三項の規定により計画の認定をしたときは、速やかに、その旨を申請者に通知するものとする。

2　前項の通知は、別記第三号様式による通知書に第三条の申請書の副本(法第六条第七項の規定により適合通知を受けて計画の認定をした場合にあっては、第三条の申請書の副本及び当該適合通知に添えられた建築基準法施行規則(昭和二十五年建設省令第四十号)第一条の三第一項の申請書の副本)及びその添付図書を添えて行うものとする。

(利用円滑化誘導基準)

第六条　法第六条第三項第一号の国土交通省令で定める特定施設の構造及び配置に関する基準は、

次条から第二十一条までに定めるところによる。

（出入口）
第七条　多数の者が利用する出入口（次項に規定するもの並びにかご、昇降路、便所及び浴室等に設けられるものを除き、かつ、二以上の出入口を併設する場合には、そのうち一以上のものに限る。）は、次に掲げるものでなければならない。
一　幅は、九十センチメートル以上とすること。
二　戸を設ける場合には、自動的に開閉する構造その他の車いす使用者が容易に開閉して通過できる構造とし、かつ、その前後に高低差がないこと。
2　多数の者が利用する直接地上へ通ずる出入口のうち一以上のものは、次に掲げるものでなければならない。
一　幅は、百二十センチメートル以上とすること。
二　戸を設ける場合には、自動的に開閉する構造とし、かつ、その前後に高低差がないこと。

（廊下等）
第八条　多数の者が利用する廊下等は、次に掲げるものでなければならない。
一　幅は、百八十センチメートル以上とすること。ただし、五十メートル以内ごとに車いすのすれ違いに支障がない場所を設ける場合にあっては、百四十センチメートル以上とすることができる。
二　表面は、粗面とし、又は滑りにくい材料で仕上げること。
三　階段又は傾斜路（階段に代わり、又はこれに併設するものに限る。）の上端に近接する廊下等の部分（不特定かつ多数の者が利用し、又は主として視覚障害者が利用するものに限る。）には、点状ブロック等を敷設すること。ただし、視覚障害者の利用上支障がないものとして国土交通大臣が定める場合は、この限りでない。
四　戸を設ける場合には、自動的に開閉する構造その他の車いす使用者が容易に開閉して通過できる構造とし、かつ、その前後に高低差がないこと。
五　側面に廊下等に向かって開く戸を設ける場合には、当該戸の開閉により高齢者、身体障害者等の通行の安全上支障がないよう必要な措置を講ずること。
六　不特定かつ多数の者が利用し、又は主として視覚障害者が利用する廊下等に突出物を設けないこと。ただし、視覚障害者の通行の安全上支障が生じないよう必要な措置を講じた場合は、この限りでない。
七　高齢者、身体障害者等の休憩の用に供する設備を適切な位置に設けること。
2　前項第一号及び第四号の規定は、車いす使用者の利用上支障がないものとして国土交通大臣が定める廊下等の部分には、適用しない。

（階段）
第九条　多数の者が利用する階段は、次に掲げるものとしなければならない。
一　幅は、百四十センチメートル以上とすること。ただし、手すりが設けられた場合にあっては、手すりの幅が十センチメートルを限度として、ないものとみなして算定することができる。
二　けあげの寸法は、十六センチメートル以下とすること。
三　踏面の寸法は、三十センチメートル以上とすること。
四　踊場を除き、両側に手すりを設けること。
五　表面は、粗面とし、又は滑りにくい材料で仕上げること。
六　踏面の端部とその周囲の部分との色の明度の差が大きいこと等により段を容易に識別できるものとすること。
七　段鼻の突き出しがないこと等によりつまずきにくい構造とすること。
八　段がある部分の上端に近接する踊場の部分（不特定かつ多数の者が利用し、又は主として視覚障害者が利用するものに限る。）には、点状ブロック等を敷設すること。ただし、視覚障害者の利用上支障がないものとして国土交通大臣が定める場合は、この限りでない。
九　主たる階段は、回り階段でないこと。

（傾斜路又は昇降機の設置）
第十条　多数の者が利用する階段を設ける場合には、階段に代わり、又はこれに併設する傾斜路又は昇降機（二以上の階にわたるときには、第十二条に定めるものに限る。）を設けなければならない。ただし、車いす使用者の利用上支障がないものとして国土交通大臣が定める場合は、この限りでない。

（階段に代わり、又はこれに併設する傾斜路）
第十一条　多数の者が利用する傾斜路（階段に代わり、又はこれに併設するものに限る。）は、次に掲げるものでなければならない。
一　幅は、階段に代わるものにあっては百五十センチメートル以上、階段に併設するものにあっては百二十センチメートル以上とすること。
二　勾配は、十二分の一を超えないこと。
三　高さが七十五センチメートルを超えるものにあっては、高さ七十五センチメートル以内ごとに踏幅が百五十センチメートル以上の踊場を設けること。
四　高さが十六センチメートルを超える傾斜がある部分には、両側に手すりを設けること。
五　表面は、粗面とし、又は滑りにくい材料で仕上げること。
六　その前後の廊下等との色の明度の差が大きいこと等によりその存在を容易に識別できるものとすること。
七　傾斜がある部分の上端に近接する踊場の部分（不特定かつ多数の者が利用し、又は主として視覚障害者が利用するものに限る。）には、点状ブロック等を敷設すること。ただし、視覚障害者の利用上支障がないものとして国土交通大臣が定める場合は、この限りでない。
2　前項第一号から第三号までの規定は、車いす使用者の利用上支障がないものとして国土交通大臣が定める傾斜路の部分には、適用しない。この場合において、勾配が十二分の一を超える傾斜がある部分には、両側に手すりを設けなければならない。

(昇降機)

第十二条　多数の者が利用する昇降機(次条に規定するものを除く。以下この条において同じ。)を設ける場合には、第一号及び第二号に規定する階に停止するかごを備えた昇降機を、第一号に規定する階ごとに一以上設けなければならない。

一　多数の者が利用する居室、車いす使用者用便房、車いす使用者用駐車施設、第十七条第一号に規定する車いす使用者用浴室等又は第十八条第一項に規定する車いす使用者用客室がある階

二　直接地上へ通ずる出入口のある階

2　多数の者が利用する昇降機及びその乗降ロビーは、次に掲げるものでなければならない。

一　かご及び昇降路の出入口の幅は、八十センチメートル以上とすること。

二　かごの奥行きは、百三十五センチメートル以上とすること。

三　乗降ロビーは、高低差がないものとし、その幅及び奥行きは、百五十センチメートル以上とすること。

四　かご内に、かごが停止する予定の階及びかごの現在位置を表示する装置を設けること。

五　乗降ロビーに、到着するかごの昇降方向を表示する装置を設けること。

3　第一項の規定により設けられた多数の者が利用する昇降機及びその乗降ロビーは、前項に定めるもののほか、次に掲げるものでなければならない。

一　かごの床面積は、一・八三平方メートル以上とすること。

二　かごは、車いすの転回に支障がない構造とすること。

三　かご内及び乗降ロビーには、車いす使用者が利用しやすい位置に制御装置を設けること。

4　不特定かつ多数の者が利用する昇降機にあっては、第二項第一号、第二号及び第四号並びに前項第一号及び第二号に定めるものでなければならない。

5　第一項の規定により設けられた不特定かつ多数の者が利用する昇降機及びその乗降ロビーは、第二項第二号、第四号及び第五号並びに第三項第二号及び第三号に定めるもののほか、次に掲げるものでなければならない。

一　かごの床面積は、二・〇九平方メートル以上とすること。

二　かご及び昇降路の出入口の幅は、九十センチメートル以上とすること。

三　乗降ロビーは、高低差がないものとし、その幅及び奥行きは、百八十センチメートル以上とすること。

6　第一項の規定により設けられた不特定かつ多数の者が利用し、又は主として視覚障害者が利用する昇降機及びその乗降ロビーは、第三項又は前項に定めるもののほか、次に掲げるものでなければならない。ただし、視覚障害者の利用上支障がないものとして国土交通大臣が定める場合は、この限りでない。

一　かご内に、かごが到着する階並びにかご及び昇降路の出入口の戸の閉鎖を音声により知らせる装置を設けること。

二　かご内及び乗降ロビーに設ける制御装置(車いす使用者が利用しやすい位置及びその他の位置に制御装置を設ける場合にあっては、当該その他の位置に設けるものに限る。)は、点字により

表示する等視覚障害者が円滑に操作することができる構造とすること。
三　かご内又は乗降ロビーに、到着するかごの昇降方向を音声により知らせる装置を設けること。

（特殊な構造又は使用形態の昇降機）
第十三条　階段又は段に代わり、又はこれに併設する特殊な構造又は使用形態の昇降機は、車いす使用者が円滑に利用できるものとして国土交通大臣が定める構造としなければならない。

（便所）
第十四条　多数の者が利用する便所を設ける場合には、当該便所は、次に掲げるものでなければならない。
一　多数の者が利用する便所（男子用及び女子用の区別があるときは、それぞれの便所）が設けられている階ごとに、当該便所のうち一以上に、車いす使用者用便房を設けること。
二　多数の者が利用する便所が設けられている階の車いす使用者用便房の数は、当該階の便房（多数の者が利用するものに限る。以下この号において同じ。）の総数が二百以下の場合にあっては当該便房の総数に五十分の一を乗じて得た数以上とし、当該階の便房の総数が二百を超える場合にあっては当該便房の総数に百分の一を乗じて得た数に二を加えた数以上とすること。
三　車いす使用者用便房及び当該便房が設けられている便所の出入口は、次に掲げるものであること。
イ　幅は、八十センチメートル以上とすること。
ロ　戸を設ける場合には、自動的に開閉する構造その他の車いす使用者が容易に開閉して通過できる構造とし、かつ、その前後に高低差がないこと。
四　車いす使用者用便房が設けられている便所の出入口又はその付近に、その旨を表示した標識を掲示すること。
五　多数の者が利用する便所に車いす使用者用便房が設けられておらず、かつ、当該便所に近接する位置に車いす使用者用便房が設けられている便所が設けられていない場合には、当該便所内に腰掛便座及び手すりの設けられた便房を一以上設けること。
2　多数の者が利用する男子用小便器のある便所が設けられている階ごとに、当該便所のうち一以上に、床置式の小便器その他これに類する小便器を一以上設けなければならない。

（敷地内の通路）
第十五条　多数の者が利用する敷地内の通路は、次に掲げるものでなければならない。
一　段がある部分及び傾斜路を除き、幅は、百八十センチメートル以上とすること。
二　表面は、粗面とし、又は滑りにくい材料で仕上げること。
三　戸を設ける場合には、自動的に開閉する構造その他の車いす使用者が容易に開閉して通過できる構造とし、かつ、その前後に高低差がないこと。
四　段がある部分は、次に掲げるものとすること。
イ　幅は、百四十センチメートル以上とすること。ただし、手すりが設けられた場合にあっては、手すりの幅が十センチメートルを限度として、ないものとみなして算定することができる。

ロ　けあげの寸法は、十六センチメートル以下とすること。

ハ　踏面の寸法は、三十センチメートル以上とすること。

ニ　両側に手すりを設けること。

ホ　踏面の端部とその周囲の部分との色の明度の差が大きいこと等により段を容易に識別できるものとすること。

ヘ　段鼻の突き出しがないこと等によりつまずきにくい構造とすること。

五　段を設ける場合には、段に代わり、又はこれに併設する傾斜路又は昇降機を設けなければならない。

六　傾斜路は、次に掲げるものであること。

イ　幅は、段に代わるものにあっては百五十センチメートル以上、段に併設するものにあっては百二十センチメートル以上とすること。

ロ　勾配は、十五分の一を超えないこと。

ハ　高さが七十五センチメートルを超えるもの(勾配が二十分の一を超えるものに限る。)にあっては、高さ七十五センチメートル以内ごとに踏幅が百五十センチメートル以上の踊場を設けること。

ニ　高さが十六センチメートルを超え、かつ、勾配が二十分の一を超える傾斜がある部分には、両側に手すりを設けること。

ホ　その前後の通路との色の明度の差が大きいこと等によりその存在を容易に識別できるものとすること。

2　多数の者が利用する敷地内の通路(道等から直接地上へ通ずる出入口までの経路を構成するものに限る。)が地形の特殊性により前項の規定によることが困難である場合においては、同項第一号、第三号、第五号及び第六号イからハまでの規定は、当該敷地内の通路が設けられた建築物の車寄せから直接地上へ通ずる出入口までの敷地内の通路の部分に限り、適用する。

3　第一項第一号、第三号、第五号及び第六号イからハまでの規定は、車いす使用者の利用上支障がないものとして国土交通大臣が定める敷地内の通路の部分には、適用しない。この場合において、勾配が十二分の一を超える傾斜がある部分には、両側に手すりを設けなければならない。

(駐車場)

第十六条　多数の者が利用する駐車場を設ける場合には、当該駐車場の全駐車台数が二百以下の場合にあっては当該駐車台数に五十分の一を乗じて得た数以上、全駐車台数が二百を超える場合にあっては当該駐車台数に百分の一を乗じて得た数に二を加えた数以上の車いす使用者用駐車施設を設けなければならない。

(浴室等)

第十七条　多数の者が利用する浴室等を設ける場合には、そのうち一以上(男子用及び女子用の区分があるときは、それぞれ一以上)は、次に掲げるものでなければならない。

一　車いす使用者が円滑に利用することができるものとして国土交通大臣が定める構造の浴室等(以下「車いす使用者用浴室等」という。)であること。

二　出入口は、次に掲げるものであること。

イ　幅は、八十センチメートル以上とすること。

ロ　戸を設ける場合には、自動的に開閉する構造その他の車いす使用者が容易に開閉して通過できる構造とし、かつ、その前後に高低差がないこと。

(車いす使用者用客室)

第十八条　ホテル又は旅館には、客室の総数が二百以下の場合は当該客室の総数に五十分の一を乗じて得た数以上、客室の総数が二百を超える場合は当該客室の総数に百分の一を乗じて得た数に二を加えた数以上の車いす使用者が円滑に利用できる客室(以下「車いす使用者用客室」という。)を設けなければならない。

2　車いす使用者用客室は、次に掲げるものでなければならない。

一　出入口は、次に掲げるものであること。

イ　幅は、八十センチメートル以上とすること。

ロ　戸を設ける場合には、自動的に開閉する構造その他の車いす使用者が容易に開閉して通過できる構造とし、かつ、その前後に高低差がないこと。

二　便所は、次に掲げるものであること。ただし、当該客室が設けられている階に不特定かつ多数の者が利用する便所が設けられている場合は、この限りでない。

イ　便所内に車いす使用者用便房を設けること。

ロ　車いす使用者用便房及び当該便房が設けられている便所の出入口は、第十四条第一項第三号イ及びロに掲げるものであること。

三　浴室等は、前条各号に掲げるものであること。ただし、当該客室が設けられている建築物に不特定かつ多数の者が利用する浴室等が設けられている場合は、この限りでない。

(案内設備までの経路)

第十九条　建築物又はその敷地に当該建築物の案内設備を設ける場合には、道等から当該案内設備までの主たる経路(不特定かつ多数の者が利用し、又は主として視覚障害者が利用するものに限る。)を、視覚障害者利用円滑化経路にしなければならない。ただし、視覚　障害者の利用上支障がないものとして国土交通大臣が定める場合は、この限りでない。

(増築等又は修繕等に関する適用範囲)

第二十条　建築物の増築若しくは改築(用途の変更をして特定建築物にすることを含む。以下「増築等」という。)又は建築物の修繕若しくは模様替(特定施設に係るものに限る。以下「修繕等」という。)をする場合には、第七条から前条までの規定は、次に掲げる建築物の部分に限り、適用する。

一　当該増築等又は修繕等に係る部分

二　道等から前号に掲げる部分までの一以上の経路を構成する出入口、廊下等、階段、傾斜路、昇

降機及び敷地内の通路
三　多数の者が利用する便所のうち一以上のもの
四　第一号に掲げる部分から車いす使用者用便房(前号に掲げる便所に設けられるものに限る。)までの一以上の経路を構成する出入口、廊下等、階段、傾斜路、昇降機及び敷地内の通路
五　多数の者が利用する駐車場のうち一以上のもの
六　車いす使用者用駐車施設(前号に掲げる駐車場に設けられるものに限る。)から第一号に掲げる部分までの一以上の経路を構成する出入口、廊下等、階段、傾斜路、昇降機及び敷地内の通路
七　多数の者が利用する浴室等
八　第一号に掲げる部分から車いす使用者用浴室等(前号に掲げるものに限る。)までの一以上の経路を構成する出入口、廊下等、階段、傾斜路、昇降機及び敷地内の通路
九　ホテル又は旅館の客室のうち一以上のもの
十　第一号に掲げる部分から前号に掲げる客室までの一以上の経路を構成する出入口、廊下等、階段、傾斜路、昇降機及び敷地内の通路

2　前項第三号に掲げる建築物の部分について第十四条の規定を適用する場合には、同条第一項第一号中「便所(男子用及び女子用の区別があるときは、それぞれの便所)が設けられている階ごとに、当該便所のうち一以上に、」とあるのは「便所(男子用及び女子用の区別があるときは、それぞれの便所)に、」と、同項第二号中「便所が設けられている階の」とあるのは「便所の」と、「当該階の」とあるのは「当該便所の」と、同条第二項中「便所が設けられている階ごとに、当該便所のうち」とあるのは「便所を設ける場合には、そのうち」とする。

3　第一項第五号に掲げる建築物の部分について第十六条の規定を適用する場合には、同条中「当該駐車場の全駐車台数が二百以下の場合にあっては当該駐車台数に五十分の一を乗じて得た数以上、全駐車台数が二百を超える場合にあっては当該駐車台数に百分の一を乗じて得た数に二を加えた数以上」とあるのは「一以上」とする。

4　第一項第九号に掲げる建築物の部分について第十八条の規定を適用する場合には、同条中「客室の総数が二百以下の場合は当該客室の総数に五十分の一を乗じて得た数以上、客室の総数が二百を超える場合は当該客室の総数に百分の一を乗じて得た数に二を加えた数以上」とあるのは「一以上」とする。

(特別特定建築物に関する読替え)

第二十一条　特別特定建築物における第七条から前条まで(第八条第一項第三号及び第六号、第九条第八号、第十一条第一項第七号、第十二条第四項から第六項まで並びに第十九条を除く。)の規定の適用については、これらの規定(第十二条第三項及び第十八条第二項を除く。)中「多数の者が利用する」とあるのは「不特定かつ多数の者が利用し、又は主として高齢者、身体障害者等が利用する」と、第十二条第三項中「多数の者が利用する」とあるのは「主として高齢者、身体障害者等が利用する」と、前条中「特定建築物」とあるのは「特別特定建築物」とする。

(法第七条第一項の国土交通省令で定める軽微な変更)

第二十二条　法第七条第一項の国土交通省令で定める軽微な変更は、特定建築物の建築等の事業の実施時期の変更のうち、事業の着手又は完了の予定年月日の三月以内の変更とする。

（表示等）

第二十三条　法第九条第一項の国土交通省令で定めるものは、次のとおりとする。

一　広告

二　契約に係る書類

三　その他国土交通大臣が定めるもの

2　法第九条第一項の規定による表示は、第四号様式により行うものとする。

（法第十四条第一項第一号の国土交通省令で定める安全上及び防火上の基準）

第二十四条　法第十四条第一項第一号の国土交通省令で定める安全上及び防火上の基準は、次のとおりとする。

一　専ら車いす使用者の利用に供する昇降機の設置に係る特定建築物の壁、柱、床及びはりは、当該昇降機の設置後において構造耐力上安全な構造であること。

二　当該昇降機の昇降路は、出入口の戸が自動的に閉鎖する構造のものであり、かつ、壁、柱及びはり（当該特定建築物の主要構造部に該当する部分に限る。）が不燃材料で造られたものであること。

（法第十四条第一項第二号の国土交通省令で定める安全上の基準）

第二十五条　法第十四条第一項第二号の国土交通省令で定める安全上の基準は、次のとおりとする。

一　昇降機のかご内及び乗降ロビーには、それぞれ、車いす使用者が利用しやすい位置に制御装置を設けること。この場合において、乗降ロビーに設ける制御装置は、施錠装置を有する覆いを設ける等当該制御装置の利用を停止することができる構造とすること。

二　昇降機は、当該昇降機のかご及び昇降路のすべての出入口の戸に網入ガラス入りのはめごろし戸を設ける等により乗降ロビーからかご内の車いす使用者を容易に覚知できる構造とし、かつ、かご内と常時特定建築物を管理する者が勤務する場所との間を連絡することができる装置が設けられたものとすること。

【編者】　高齢社会の住まいをつくる会

【編者代表】　溝口　千恵子　㈱高齢者住環境研究所

【著者】　板東　祐次　藤和コミュニティ㈱
市瀬　敬子　Studio Voice
山崎　友子　SUN 設計室

【事例提供】　㈱高齢者住環境研究所
Studio Voice
あんず建築設計事務所
高住研キヨタ㈱
藤和コミュニティ㈱

必携 実例でわかる福祉住環境
バリアフリーマンション読本

2005年7月1日　初版発行

編　者／高齢社会の住まいをつくる会

発　行／三 和 書 籍　Sanwa co.,Ltd.
発行者／高 橋　考
〒112-0013 東京都文京区音羽2-2-2
電話 03-5395-4630　FAX 03-5395-4632
郵便振替 00180-3-38459
sanwa@sanwa-co.com
http://www.sanwa-co.com
印刷・製本／株式会社ワコー

ISBN4-916037-74-X C3052